TRINITY

Maria Lefèvre

Was die Seele zum Klingen bringt

Eine Reise zu deinem wahren Potenzial

TRINITY

Dieses Buch enthält Links zu externen Webseiten Dritter, auf deren Inhalte der Trinity Verlag keinen Einfluss hat. Deshalb können wir für diese fremden Inhalte auch keine Haftung übernehmen. Für die Inhalte der verlinkten Seiten ist stets der jeweilige Anbieter oder Betreiber der Seiten verantwortlich. Die verlinkten Seiten wurden zum Zeitpunkt der Verlinkung auf mögliche Rechtsverstöße überprüft, rechtswidrige Inhalte waren nicht erkennbar.
Bei Bekanntwerden von Rechtsverletzungen werden wir derartige Links umgehend entfernen.

1. Auflage
Originalausgabe
© 2016 Trinity Verlag in der Scorpio Verlag
GmbH & Co. KG, München
Umschlaggestaltung: Guter Punkt, München, unter Verwendung
eines Motivs von © kicia_papuga / thinkstock
Layout und Satz: BuchHaus Robert Gigler, München
Druck und Bindung: GGP Media GmbH, Pößneck
ISBN 978-3-95550-186-0
www.trinity-verlag.de

Dieses Buch ist wie ein Zauberspruch,
Seelen wach zu küssen.
Zu erwecken, was vor sich hin schlummert.
Vielleicht in Ihnen.
Vielleicht in den meisten von uns.

Das Buch ist dazu da,
das Bewusstsein zu verändern.
Etwas in Schwingung zu versetzen,
was vorher nicht in dieser Weise schwang.

Denn dieses Buch
stellt eine Verbindung her
mit Ebenen in Ihnen, die Sie bisher
vielleicht noch nicht kannten.

Gleich einem Gesang
lädt dieses Buch Sie ein mitzusingen.
Einen uralten Gesang aus den Tiefen Ihres Selbst,
der doch immer wieder neu ist.

Sie haben dieses Buch in die Hand genommen,
damit sich Ihr Leben ändert.
Vielleicht Ihr äußeres Leben.
Vielleicht Ihr inneres Leben.
Vielleicht Ihr Bewusstsein.

Damit dieses Buch Sie bestmöglich
in Ihrem Wandlungsprozess unterstützen kann,
notieren Sie bitte auf einem Zettel alle Dinge,
die sich in Ihrem Leben transformieren sollen.

Und übergeben Sie den Zettel dann diesem Buch.

Legen Sie ihn einfach hier hinein, während Sie
weiterlesen … und wenn sich beim Lesen des Buches
Änderungen ergeben,
so vermerken Sie sie jeweils auf dem Zettel.

Wenn Sie dieses Buch lesen,
wird etwas wie ein Sandkorn in Ihr Bewusstsein kommen,
juckend, kratzend, manchmal nervend –
so lange, bis Sie den Schritt in eine anstehende
Transformation
in Ihrem Leben getan haben.

» Erkenne dich selbst «

Inschrift über dem Eingang
des Tempels von Delphi

» Du bist «

Antwort der Eintretenden

Inhalt

Einleitung

Eine gute Freundin von mir ist seit Jahren unglücklich mit ihrem Job. Sie ist hochbegabt, sozial kompetent, fachlich qualifiziert, sehr fleißig, hübsch, verantwortungsbewusst, mitfühlend, eigenständig in ihrer Arbeitsweise. Und dennoch schafft sie es nicht, einer Arbeit nachzugehen, die sie glücklich macht.

Ein Einzelfall?

Ich glaube nicht.

Bemerken wir nicht auch in uns selbst Verhaltensweisen, die uns immer wieder im Hamsterrad eines uninspirierten Alltags gefangen halten und uns daran hindern, das grandiose, inspirierte, erfüllte und intensive Leben zu leben, von dem wir tief in uns wissen, dass wir es leben könnten?

Was ist die Ursache dafür, dass wir nicht den Weg finden zu unserem wahren Potenzial, unserer Erfüllung, unserer tiefsten Liebe, der Umsetzung unseres Lebenssinns, unserem Seelenglück und der Lebensmelodie, die wirklich die unsere ist?

Dieses Buch möchte ein paar Antworten darauf geben.

Zunächst aber sind Sie eingeladen, einige Fragen kurz zu reflektieren.

Was machen wir hier eigentlich?

- ➤ Wie müsste mein Leben aussehen, damit ich aus der Tiefe heraus erfüllt und »satt« bin?
- ➤ Schöpfe ich mein Potenzial – meine ureigene Exzellenz, meinen Genius – so weit aus, wie ich es will oder könnte?
- ➤ Lebe ich so begeistert, so erfüllt, so intensiv, wie ich es mir wünsche?
- ➤ Habe ich es bisher geschafft, mein Leben zutiefst sinnvoll zu gestalten?
- ➤ Erblühe ich?
- ➤ Ist mein Leben in Resonanz mit der höchstmöglichen Energie beziehungsweise Schwingung, die ich ins Leben bringen könnte?
- ➤ Erfülle ich also meinen Lebenssinn?
- ➤ Singe ich das Lied meiner Seele, folge ich der Melodie aus meinem Innersten?
- ➤ Wie wird mein Leben im Rückblick aussehen, wenn ich all das erreicht und gelebt habe, was mein Leben komplett macht? So, dass nichts mehr offen ist, nichts ungelebt bleibt.

Wenn Sie in Ihrem *Element* sind, befinden Sie sich in einem Zustand, der Ihre ganz persönlichen Antworten hin zu einem »Ja« für alle obigen Fragen enthält. Sie sind in Ihrem *Element,* wenn Sie Ihre natürlichen Begabungen und Talente beseelt und begeistert leben und zur Umsetzung Ihres Lebenssinns einsetzen. Denn nur dort, wo Sie talentiert, leidenschaftlich und sinnerfüllt agieren, können Sie die Ihnen mitgegebenen Möglichkeiten wirklich ausschöpfen, erblühen lassen und einen Ihnen gemäßen Ausdruck finden, der Ihre Seele in dieser Welt zum

Klingen bringen wird. Sie können diese Möglichkeiten einsetzen, um tatsächlich Sie selbst zu werden und eine tiefe Erfüllung in Ihrem Leben zu erfahren.

Es gibt wenige Fragen, die mich in meinem Leben so beschäftigt haben wie die obigen. Seit ich einigermaßen unabhängig denken kann, befasse ich mich intensiv damit, was innere Erfüllung in ihrer Tiefe bedeutet und wie wir sie erreichen können.

Mein Leben führte mich zunächst von einem abgeschlossenen Wirtschaftsstudium zu einer kurzen, aber intensiven Zeit, in der ich mich meiner beruflichen Karriere und meinem Erfolg widmete. Nach verschiedenen Karrieresprüngen erreichte ich eine Vorstandsposition in einem von den Vereinten Nationen gegründeten Unternehmensnetzwerk. Zwar hatte ich eine gewisse Begabung für diese Tätigkeit, doch die Leidenschaft fehlte. Meine Begeisterung und meine allgemeine Lebensfreude wurden ausgehöhlt, weil ich etwas tat, was ich zwar konnte, was mich aber nicht erfüllte. Dadurch nahm mir meine Tätigkeit mehr Lebenskraft und Energie, als sie mir geben konnte.

Heute weiß ich: Das muss nicht so sein. Wenn ich das Geheimnis meines *Elements* entschlüsselt habe, dann weiß ich auch, was mich im Leben zutiefst erfüllt und bereichert, und kann mir einen Beruf suchen, der dem entspricht.

Was aber ist das *Element*?

Was ist das Element?

Sir Ken Robinson[1], ein im angloamerikanischen Raum sehr bekannter Bildungsexperte, hat zwei Bücher darüber geschrieben, wie wir unser Element finden und unser Leben dadurch gravierend verändern können.[2] Diese Bücher waren eine starke Inspiration für dieses Buch, haben jedoch beide einen Fokus auf die Zielsetzung eines erfolgreichen und erfüllten äußeren Lebens. Wichtige psychische, geistig-seelische und energetische Aspekte im Zusammenhang mit dem Element werden in diesem Buch erheblich detaillierter und umfangreicher dargestellt.

In Robinsons Büchern werden eine ganze Reihe von positiven Auswirkungen genannt, die wir erfahren, wenn wir uns in unserem Element befinden:

➤ Wir sind leidenschaftlich bei der Sache,
➤ zumeist ausgesprochen kreativ,
➤ wir leben unsere Talente,
➤ wir können uns unserem momentanen Tun hingeben und ganz in ihm aufgehen,
➤ dieses Tun, diese Tätigkeit, fühlt sich dadurch für uns stimmig an,

- ➤ wir agieren selbstbestimmt und lieben, was wir tun,
- ➤ Arbeit fühlt sich für uns eher an wie Spielen,
- ➤ wir erhalten durch unser Tun Energie,
- ➤ daher können wir sehr lange produktiv sein, ohne zu ermüden,
- ➤ denn wir befinden uns im sogenannten Flow.
- ➤ Im *Element* erfüllen wir oftmals eine Aufgabe, die anderen Menschen oder einem höheren Zweck dient.
- ➤ Wir erbringen eine Leistung, die uns herausfordert, aber nicht überfordert.
- ➤ Gleichzeitig sind wir sehr effektiv in der Umsetzung.
- ➤ Indem wir auf einem hohen Herausforderungsniveau spielerisch leicht und zielgerichtet dem folgen, was im jeweiligen Augenblick zu tun ist, können wir sehr schnell immer neue Möglichkeiten in uns realisieren – sowohl hinsichtlich unserer Lebenskraft als auch hinsichtlich unseres Könnens. Durch die leidenschaftliche Hingabe an die immer neuen Herausforderungen, die das Leben bietet, verlieren wir unsere einengenden Beschränkungen, Sichtweisen und Identifikationen. Wir wachsen förmlich über uns selbst hinaus. Wir entsprechen auf diese Weise unserem tiefsten Lebenssinn und erleben große innere Erfüllung.
- ➤ Wir fühlen uns authentisch, angekommen, ganz wir selbst.
- ➤ Wir erfahren oftmals sogenannte Synchronizitäten und eine gefühlte Aufhebung der Dualität zwischen uns selbst und der Welt.
- ➤ Die Zeit vergeht wie im Fluge.
- ➤ Wir haben das Gefühl, zu dem Menschen zu werden, als der wir gemeint sind; den für uns vorgesehenen Platz im Leben

einzunehmen; unsere Note im Gesamtkonzert des Lebens zu spielen und das Lied unserer Seele zu singen.

➤ Wir tun einfach genau das, wofür wir hier sind.

Es versteht sich fast von selbst, dass Menschen, die ihr *Element* gefunden haben, in der Regel sehr erfolgreich sind.

Das *Element* ist ein Zustand, der es uns ermöglicht, unsere natürlichen Begabungen zur Erfüllung unseres Lebenssinns lustvoll, liebevoll, begeistert, zielgerichtet, effektiv und erfolgreich einzusetzen.

In diesem Sinne ist das *Element* Mittel und Weg zur Entfaltung unseres wahren Potenzials als Mensch. Das *Element* führt uns zur Erfüllung unseres Ichs im sogenannten Selbst – und damit zu einer zunehmend umfassender werdenden Sichtweise und Lebensführung, die über das persönliche Vorteilsdenken hinausgeht.

Letztlich sind wir nicht für uns selbst als Person erfolgreich. Denn eine solche Zielsetzung behindert ab einem bestimmten Niveau unserer Selbstentwicklung unsere weitere Entfaltung als Mensch. Erst wenn wir wissen, für wen und für was wir leben, können wir unserem Lebenssinn gerecht werden.

Das Wissen um unser *Element* ist essenziell für das Verständnis unserer selbst. Wir können durch das Finden unseres *Elements* die Grenzen und tatsächlichen Möglichkeiten dessen erforschen, was gerade wir ganz individuell im Leben tun und sein können. Dabei ist das *Element* der natürlichste Zustand, den wir uns vorstellen können. Im *Element* tun wir das, was uns in die Wiege gelegt wurde, und gehen ganz darin auf.

Es geht darum, jenen Platz im Leben zu finden, der ganz zu uns passt. Wenn wir diesen Platz einnehmen, fühlen wir uns wie ein Fisch im Wasser.

Die meisten Menschen kennen diesen Zustand noch aus ihrer Kindheit, haben aber oft keinen Zugang mehr dazu. Für ein Kind ist alles ein Abenteuer, alles ist ein Wunder, alles ein Anlass, sich einzulassen, sich begeistern zu lassen, sich inspirieren zu lassen. Als Kind gehen wir nicht, wir rennen. Und wenn wir hinfallen, weinen wir – rennen dann aber weiter. Im besten Fall spüren wir als Kind das Leid unseres Gegenübers, von Tieren, Pflanzen und mehr. Und wir zögern nicht, Blödsinn zu machen und ganz dem Moment entsprechend zu leben.

> *Wir müssen bereit sein, das Leben hinter uns zu lassen, das wir geplant haben – damit wir das Leben erhalten können, das auf uns wartet.*
> JOSEPH CAMPBELL

Als Erwachsene können wir lernen, die Intensität dieser Kindheitskraft in eine verantwortungsvolle und zielgerichtete Bahn zu bringen, ohne dass die Qualität der Erfahrung, unsere Dynamik und Lebenskraft, dabei verloren geht.

Leider finden nur wenige Menschen im Verlauf ihres Lebens tatsächlich zu einer solchen Intensität zurück. Das ist sehr schade und eine große Verschwendung unseres Potenzials – sowohl individuell als auch gesellschaftlich!

Die gute Nachricht ist: Wir können unser *Element* wiederfinden – egal, wie alt wir sind und für wie intelligent, kreativ oder anderweitig begabt wir uns halten; egal, wie stressig unser Alltag ist, egal, welchen Bildungsabschluss wir haben, wie viel Geld wir besitzen oder was uns innerlich bisher daran gehindert hat, unser Potenzial zu leben. Oft braucht es die Suche, damit wir finden. Erzwingen können wir dennoch nichts. Das Finden unseres *Elements* kann als einmalige Eingebung wie eine Offenbarung zu uns kommen: Plötzlich erkennen wir unseren Lebenssinn und finden eine klare Ausrichtung für unser Leben. Oder es kommt Stück für Stück, indem wir durch Versuch und Irrtum immer näher an jenes Tun heranrücken, das uns in unserer Tiefe wirklich erfüllt.

In jedem Fall ist es immer auch ein Prozess, in dem wir Fähigkeiten und Rollen entwickeln, um unser *Element* auch in einem anspruchsvollen Alltag leben zu können.

Erst wer sein *Element* gefunden hat, kann in seinem Leben wirklich durchstarten. Denn nur wenn das, was wir tun, uns auch voll erfüllt, können wir mit aller Kraft, Motivation und Begeisterung die Dinge umsetzen, die wir als Ideen oder Träume in uns tragen.

Dabei geht es nicht nur darum, ob unser Beruf unserer Berufung entspricht, sondern auch um die Frage, ob unsere Freizeit unserem inneren Sein gerecht wird und ob wir auf tiefster Ebene zufrieden mit unserem Leben sind.

Wer sein *Element* kennt und ihm entsprechend lebt, kann dadurch sein gesamtes Leben verändern.

Das eigene Element finden

Bei der Suche nach dem *Element* geht es darum, die eigene tiefe Wahrhaftigkeit zu finden und auf ihrer Basis den eigenen Alltag zu gestalten. Mit dieser tiefen Wahrhaftigkeit ist gemeint, dass wir unseren Wesenskern, unsere Seele, unsere Essenz im Leben zum Ausdruck bringen.

In der Regel verraten wir jedoch diese Anteile unserer wahren Natur und damit letztlich auch unser wahres Potenzial auf unzählige Weisen.

Für viele Menschen ist es ein langer, jedoch im Ergebnis sehr schöner Lernweg, auf dem wir die eigene Authentizität Stück für Stück wiederfinden und immer kraftvoller zu einem stimmigen Ausdruck in unserem Leben bringen können. Im Zentrum dieses Prozesses steht die folgende Frage: *Bleibe ich mein Leben lang den Erwartungen meiner Eltern, meines Freundeskreises, meines Arbeitsumfeldes und der Gesellschaft verhaftet, sprich: Bleibe ich in der Matrix der*

> *Was tatsächlich von Person zu Person verschieden ist, ist der Grad der Versklavung durch die Programme des Egos.*
> DAVID HAWKINS

mich umgebenden Bewusstseinsstruktur gefangen, oder breche ich aus diesem Gefängnis, das für mich die Welt definiert und das den Horizont meiner Möglichkeiten vorgibt, aus?

Jeder Mensch wird in einem solchen Gefängnis groß, ganz unabhängig davon, ob er arm oder reich ist, ob gebildet oder ungebildet, ob seine Kindheit glücklich oder traurig war. Egal, wie kreativ, talentiert, intelligent oder hübsch wir sind und wie viel Einfluss oder Macht wir besitzen – solange wir uns nicht bewusst daraus befreien, sind wir in diesen Bewusstseinsmauern eingesperrt, die uns daran hindern, unser volles Potenzial zu leben.

> *Dein Leben entsteht nicht aus deinen bewussten Wünschen und Begehren. Dein Leben entsteht aus deinem Programm.*
> BRUCE LIPTON

Denn dieses Gefängnis ist immer zu klein für unser Potenzial, und niemals finden wir unser wahres *Element* innerhalb der Gefängnismauern!

Jenseits dieses Gefängnisses wartet unerforschtes Terrain auf uns. Der Schritt heraus aus der Bewusstseinsstruktur unserer Vergangenheit ist nicht einfach zu gehen, und die meisten Menschen bleiben daher ihr gesamtes Leben innerhalb dieser Mauern.

Nur wenige brechen aus diesen Mauern aus, indem sie zum Beispiel in der äußeren Welt wirkliches Neuland betreten, das den Horizont für die Gesellschaft oder zumindest das familiäre Umfeld erweitert. Diese Mauern können jedoch insbesondere auch in unserem Inneren übersprungen werden, indem wir neue Einstellungen, Sichtweisen und Bewusstseinszustände erreichen. Dies wird im Laufe des Buches noch näher erläutert werden.

Man kann das Gefängnis in einem kontinuierlichen Prozess nach und nach verlassen oder durch Phasen drastischer Bewusstseinsveränderung gehen. Immer erfordert es jedoch einen oder viele Sprünge ins Unbekannte – oder manchmal Schicksalsschläge –, um die alten Mauern zu zerstören.

Grundsätzlich gilt: Den Schritt heraus aus unserem Gefängnis können wir nur tun, wenn wir bereit sind, uns von allen Regeln und Vorstellungen zu befreien. Unsere Wahrhaftigkeit finden wir auf einer Ebene unseres Bewusstseins, auf der Vorstellungen und Regeln nicht vorhanden sind. Wir können aus unserem Gefängnis heraustreten, indem wir die Illusionen, Wirkmechanismen und Automatismen unserer eigenen Bewusstseinsstrukturen erkennen. Wenn ein Mensch diesen Schritt geht, so ist dies der größte Dienst, den er an sich selbst, der Gesellschaft und sogar an den eigenen Eltern tun kann! Denn die Entwicklung unseres individuellen, familiären und kollektiven Bewusstseins reduziert nicht nur das Leid unserer Existenz, das Streben nach dieser Entwicklung ist darüber hinaus auch Teil unseres Lebenssinns.

Äußere Schritte ins Neuland sind dabei hilfreich und oft sogar notwendig. Unsere aktuelle kulturelle Ausrichtung auf materiellen Fortschritt lässt uns jedoch häufig übersehen, dass eine wahre Entwicklung nur dann erfolgt, wenn es uns gelingt, einen Schritt über das Bewusstsein unserer Vergangenheit hinauszugehen. In unserer modernen Gesellschaft erleben wir stattdessen oft den Umstand, dass der materielle Fortschritt auf Kosten einer Bewusstseinsentwicklung stattfindet.

Ein Beispiel hierfür ist unser Umgang mit den sogenannten

»natürlichen Ressourcen«: In unserer kollektiven Bewusstseinsentwicklung als Menschheit könnten wir lernen, in Harmonie mit der Umwelt und der Erde zu leben. Wir könnten lernen, diese »Ressourcen« (beispielsweise Tiere und Pflanzen) als Lebewesen mit einem eigenen Bewusstsein zu erkennen und dementsprechend einen respektvollen Umgang mit ihnen anzustreben. Stattdessen wird oftmals die weitere (Aus-)Nutzung der »Ressourcen« als Fortschritt betrachtet.

> *Man kann nicht kreativ sein, solange man nicht die abgegrenzten, festgesetzten, einfach alle Regeln verlässt.*
> JOSEPH CAMPBELL

Erst wenn wir den Schritt in ein neues Bewusstsein getan haben, können wir erkennen, dass unser altes Leben uns in einer reduzierenden Trance gefangen gehalten hat, die vom gesamten Umfeld unserer alten Existenz genährt und gestützt wurde. Erst dann wissen wir, dass es Energie, Kraft, viel Ehrlichkeit mit uns selbst und aufrichtiges Bemühen gekostet hat, sich aus dieser Trance zu erheben. Dies gilt erfahrungsgemäß für nahezu jeden Schritt in unserer Bewusstseinsentwicklung.

Sie können auf diesem Weg heraus aus dem Gefängnis Ihrer alten Bewusstseinsstrukturen keine Beifallsbekundungen, keine Anerkennung und keine Sicherheiten erwarten! Aber vielleicht entdecken Sie jenseits der alten Bewusstseinsmauern eine zunehmende Zufriedenheit in sich, weil Sie mehr und mehr Sie selbst geworden sind.

Leider (oder zum Glück) ist dieser Prozess niemals abgeschlossen. Denn hinter jeder Bewusstseinsmauer erhebt sich eine weitere. Jeder von uns kann selbst entscheiden, ob und wie weit er in der Klärung und Entwicklung seines Bewusstseins voranschreiten und sie zu einem wichtigen Teil seines Lebens machen will.

Wie weit werden Sie sich in Ihrem Leben befreien?
Wie weit wollen oder müssen Sie zu dem Menschen werden,
der Sie wirklich sind?

Der Schritt in unser Element führt uns zu immer neuen Fragen unserer tiefsten inneren Wahrhaftigkeit und deren Umsetzung im Alltag.

Tun Sie in Ihrem Berufsleben wirklich das, was Ihnen entspricht?

Behandeln Sie Ihre Familie, Freunde und Arbeitskollegen so, wie Sie es sich erträumen? Oder wie stark werden Sie durch alte schmerzliche Reaktionsmuster daran gehindert?

Gestalten Sie Ihre Freizeit entsprechend Ihres Lebenssinns und Ihrer tiefen Erfüllung? Oder sind hierbei eher Zielsetzungen der kurzfristigen Stressreduktion entscheidend?

Wie haben und erhalten Sie Zugang zu Ihrer Lebensfreude, Begeisterung und vollen inneren Kraft, die Ihnen hilft, die Schätze zu heben, die in Ihnen liegen?

Die Antworten, die Sie sich selbst auf diese und viele damit zusammenhängende Fragen geben, werden sich im Laufe Ihres Lebens immer wieder wandeln. Jede gefundene Erkenntnis gilt nur für ein kleines Stück des Weges! Im besten Fall werden

Sie ein immer umfassenderes Gefühl Ihrer eigenen Seele und Ihres wahren Selbst erlangen und effektivere und einfachere Mittel und Wege finden, diese in Ihrem Leben zum Ausdruck zu bringen.

Die Suche nach dem *Element* ist Ihre ganz persönliche Heldenreise, bei der es darum geht, die verborgenen Schätze, die in Ihnen liegen, zu finden und dann in den Alltag zu integrieren.

Es gibt für diese Reise Tausende Möglichkeiten. Der eine geht den Weg eher intuitiv, emotional und unter Einsatz drastischer Mittel, die andere vielleicht eher intellektuell und mit kleinen, aber kontinuierlichen Schritten. Manche von uns haben einen natürlichen Kompass in sich und wissen genau, wohin sie zu gehen haben. Andere müssen hierfür lange forschen.

Doch egal, von welcher Beschaffenheit diese Heldenreise, diese Schatzsuche, auch ist, vier Fragen sind für jeden von uns dabei zentral:

➤ Was ist das eigentlich Sinnvolle in meinem Leben?
➤ Worin bin ich von Natur aus wirklich gut?
➤ Was ist meine Passion? Welche Tätigkeiten begeistern mich?
➤ Wie könnte ich meine (Lebens-)Einstellung positiv verändern?

Die innere Suche ist dabei nicht strikt von einer Suche im Außen getrennt, sondern mit dieser verflochten. Wir erforschen uns selbst und bringen dann die Erkenntnisse, die wir über uns gewonnen haben – beispielsweise über unsere Talente und Neigungen –, in unser äußeres Leben, um sie dort auszuprobieren. Oder wir stehen im Außen unvermittelt vor scheinbar guten Gelegenheiten. Dann können wir nach innen gehen und reflektieren, ob uns diese Möglichkeiten wirklich näher zu jenem Platz bringen, zu dem wir aus unserer Tiefe heraus hinwollen. Wir finden, prüfen, härten, schleifen und polieren in diesem Prozess unseren größten Schatz – uns selbst.

Der Anfang der Heldenreise beginnt oft mit einem Ruf, den wir vernehmen. Dieser Ruf kann sowohl eine innere Eingebung, eine Idee sein wie auch eine konkrete äußere Chance, ein Appell oder eine Information, die uns dazu verleitet, uns auf diese Reise zu begeben. Auch dieses Buch kann solch ein Ruf sein!

Die Heldenreise nach innen

Arbeite an deinem Inneren.
Da ist die Quelle des Guten,
eine unversiegbare Quelle,
wenn du nur immer nachgräbst.
MARC AUREL

Die Heldenreise nach innen ist spannend, faszinierend und immer wieder vollkommen überraschend. Wir werden auf dieser Reise viele Schätze finden. Der erste und vielleicht offensichtlichste Schatz ist ein zunehmendes Maß an Selbsterkenntnis.

Über den Wert der Selbsterkenntnis

Egal, ob Sie Vorstandvorsitzende eines großen Unternehmens sind, Musiker, Auszubildende, Unternehmer, Nonne, Kindergärtner, Mutter oder Großvater; egal, ob Sie 20, 52 oder 85 Jahre alt sind; egal, ob Sie Millionär sind, Bettlerin, Sozialhilfeempfänger, Rentnerin oder Lebenskünstler; egal, ob Sie eine große Familie, eine perfekte Beziehung und tolle Kinder haben oder ob

Sie sich vielleicht vollkommen allein auf dieser Welt fühlen ... der Grad Ihrer Selbsterkenntnis wird grundlegend darüber entscheiden,

➤ ob Sie eine Vision und damit eine Richtung für Ihr Leben haben,
➤ ob Sie wissen, was Sie gut können – und was Sie lieber anderen überlassen,
➤ ob Sie von Ihren Ängsten und Zwängen beherrscht werden oder selbst der Kapitän Ihres Lebens sind,
➤ ob Ihr Bewusstsein ein Spielball Ihres Umfeldes ist oder ob Sie selbst über Ihre Gedanken, Ihre Gefühle, Ihr Handeln und damit Ihr Leben entscheiden,
➤ ob Sie sich selbst im Wege stehen oder ob es Ihnen im Alltag gelingt, das umzusetzen, was Sie sich vornehmen.

> *Beim Finden des Elements geht es darum, sich selbst zu finden.*
> SIR KEN ROBINSON

Kurz gesagt:
Die Kenntnis Ihrer selbst ist die Grundlage dafür, dass Ihr Leben gelingt.

Je früher und intensiver Sie sich in Ihrem Leben damit beschäftigen, wer Sie wirklich sind, was Sie ausmacht und was Sie in tiefster Tiefe wollen, umso besser. Die meisten Menschen schauen leider erst im fortgeschrittenen Alter auf sich selbst und ihr Leben und stellen fest, dass dieses ihnen eigentlich gar nicht entsprochen hat. Unsere Werte ändern sich im Laufe unseres Lebens. Aber auch schon in jungen Jahren können wir durch Selbsterkenntnis das Fundament für ein glückliches, inspiriertes und dynamisches Leben legen, das unserer ureigenen Individualität als Mensch gerecht wird. Wir werden dann intensiver und erfüllter leben, schneller vorankommen, wahrhaftiger sein, tiefer lieben und ein »besserer« beziehungsweise ethischer handelnder Mensch werden.

Tun, was Ihrer Seele entspricht

Wenn wir wissen, wie wir in unserem Inneren forschen können, stellen wir sehr schnell fest, dass sich in uns eine wahre Goldgrube befindet. Es handelt sich um Schätze aus den tieferen Schichten unseres Bewusstseins, die wir uns für unseren Alltag zugänglich machen können. Dies kann bedeuten, dass wir uns zuvor unbewusste Aspekte unseres Wesens bewusst machen. Denn ...

INSPIRATION 1:
In der Nutzung der tieferen Schichten unseres Bewusstseins liegt unser wahres Potenzial.
In unserer Tiefe liegt unser größter Schatz!

Zu diesen tieferen Schichten gehören unbewusst und automatisch ablaufende Prozesse innerhalb unserer Psyche, unserer Wahrnehmung und unseres Denkens. Indem wir unsere unbewussten Anteile erkennen und in unser Leben integrieren, entwickeln wir neue Fähigkeiten, einen größeren Einblick in Zusammenhänge sowie bessere Möglichkeiten, mit Herausforderungen umzugehen.

Für Menschen, die mit Psychologie ein wenig vertraut sind, ist diese Aussage sicherlich nicht überraschend. Aber auch Menschen, die in der Vergangenheit wenig Innenschau betrieben haben, erfahren immer mehr über unsere inneren Möglichkeiten – Möglichkeiten insbesondere dort, wo Menschen an die Grenzen ihres Potenzials geführt werden. Um nur einige Beispiele zu nennen:

> *Die Erfahrung deines Lebens ist das Privileg, zu wissen, wer du bist.*
>
> JOSEPH CAMPBELL

Im Sport und insbesondere Spitzensport wird zunehmend vom *inner game* gesprochen – ein Spiel, das wir in uns selbst beachten müssen, wenn wir unser wahres (sportliches) Potenzial entfalten wollen.

Immer mehr Manager nehmen sich einen Coach, der ihnen helfen soll, ihre eigenen unentdeckten Möglichkeiten zu entwickeln.

Astronauten erhalten neben zahlreichen körperlichen und wissenschaftlichen Schulungen auch ein umfangreiches mentales und psychologisches Training, um mit den großen Herausforderungen, die im All auf sie warten, zurechtzukommen.

Wenn wir unser wahres Potenzial entwickeln wollen, müssen wir Wissen, Fertigkeiten und Fähigkeiten sammeln und ausbilden sowie eine Kompetenz im zwischenmenschlichen Umgang aufbauen. Es gilt jedoch: Egal, in welchem Bereich wir tätig werden wollen, ob in der Wirtschaft, in der Forschung, im Sport, in der Kunst oder Musik, im Sozialwesen oder in der Politik:

INSPIRATION 2:
Der Schlüssel zu unserem wahren Potenzial liegt immer darin, unsere Persönlichkeit zu entwickeln und diese mit unserer Seele und unserem tiefen Selbst in Einklang zu bringen.

Bei dieser Entwicklung geht es um unsere Menschlichkeit. Nur wenn wir diese echt und authentisch zum Bestandteil unseres Alltags machen, können wir unsere wahre Natur und unser wahres Potenzial entfalten. Alles andere ist letztlich Spielerei und wird unserer tatsächlichen Größe nicht gerecht!

Wir können materiellen oder gesellschaftlichen Erfolg zwar auch auf andere Weise erreichen, aber unser wahres Potenzial – im Außen wie im Innen – können wir nur entfalten, indem wir unsere Menschlichkeit entwickeln. Nur so können wir mit unserem Wesenkern etwas in diese Welt bringen, was einen tatsächlichen und nachhaltigen Wert darstellt.

> *Was hinter uns liegt und was vor uns liegt, sind Kleinigkeiten verglichen mit dem, was in uns liegt.*
> HENRY THOREAU

Tun wir dies nicht, besteht für uns die Gefahr, dass wir uns verlieren in den oberflächlichen Attraktionen von Geld, Macht, Sex und Konsum – dem endlosen Kreislauf kurzfristiger Befriedigungen, die doch nie zu tiefer Erfüllung führen.

Menschen, die ganz in ihrem Element sind und zu den Besten ihres Metiers gehören, tun oftmals ganz genau das, was ihrer Seele ganz entspricht. Eine Kernaussage dieses Buches lautet daher:

Sie wollen Ihr wahres Potenzial entfalten?
Dann tun Sie genau das, was Ihrer Seele entspricht!

Was dies genau bedeutet, werden wir in Bezug auf verschiedene Bereiche unserer Selbsterkenntnis und inneren Erfahrungswelt in den nächsten Kapiteln besprechen.

Die Transformation Ihres Bewusstseins

Die Frage, ob wir im Laufe unseres Lebens in unsere tiefe Menschlichkeit hineinwachsen, ist letztlich eine Frage der Bewusstseinsentwicklung:

INSPIRATION 3:
Eine wahre Entwicklung unserer Persönlichkeit bringt zwangsläufig eine Transformation unseres Bewusstseins mit sich. Und dies bedeutet, auch zu einem neuen Selbst- und Weltbild zu gelangen.

Wir können unsere Persönlichkeit anreichern mit Wissen, mit Erfahrungen, mit sozialen, emotionalen, intellektuellen, körperlichen und vielen weiteren Fähigkeiten. Durch den reinen Erwerb von Wissen und oberflächliche Erfahrungen und Fähigkeiten ändert sich an unserer Persönlichkeit jedoch nichts.

Erst wenn wir tief gehende Erfahrungen und Fähigkeiten gesammelt haben, kristallisiert sich etwas in unserem Bewusstsein heraus, und irgendwann erfolgt eine neue Einsicht, es bildet sich eine Möglichkeit, um einen Aspekt unseres Lebens neu zu begreifen. Dann hat sich unser Bewusstsein ein Stück weiterentwickelt. Es ist wie in der Mathematik: Tage-, wochen- oder monatelang versuchen wir erfolglos, einen bestimmten mathematischen Zusammenhang zu verstehen. Und irgendwann macht es klick, und auf einmal verstehen wir, worum es geht und wie die entsprechende Lösung zu finden ist. Je mehr wir unser Bewusstsein entwickeln und entfalten, desto umfassender wird auch unser Bild von uns selbst, den Möglichkeiten, die uns zur Verfügung stehen, und der Welt, die uns umgibt.

Wenn wir unser Bewusstsein transformieren, hat dies sogar noch weitreichendere Konsequenzen. Denn mit einem Wandel unseres Weltbildes und unseres Selbstbildes verändern sich letztlich auch die Gesetzmäßigkeiten, nach denen die gesamte Welt für uns funktioniert und nach denen wir uns verhalten.

Ein einfaches Beispiel: Wenn wir frustriert, missmutig, hasserfüllt, verantwortungslos und mit Mangelgefühlen durch unseren Alltag gehen, werden uns bestimmte Türen nicht offen stehen beziehungsweise wir werden sie gar nicht als Türen erkennen. Andere Menschen werden sich nicht so auf uns einlassen, uns nicht so vertrauen und uns nicht so fördern, wie sie es andernfalls tun würden. Wenn wir unser Bewusstsein entwickeln und transformieren, stehen uns nach und nach immer weitere Möglichkeiten zur Verfügung:

INSPIRATION 4:
Durch eine Transformation unseres Bewusstseins
verändern sich die Gesetzmäßigkeiten, nach denen die
Welt für uns funktioniert.

Unser *Element* zu finden und unseren Alltag in unserem *Element* zu leben ist also das Resultat einer Bewusstseinsentwicklung. Wir entwickeln uns hin zu einem Bewusstsein, das eine möglichst große Tiefe unserer wahren Natur umfasst. Außerdem führt diese Entwicklung zu einem erfolgreichen Ausdruck unserer wahren Natur in einem normalen Alltagsleben. Solange wir am Ball bleiben, dauert diese Reise an – unter Umständen unser ganzes Leben lang.

Viele Entwicklungsprozesse laufen allerdings auch jenseits unserer bewussten Selbsterkenntnis ab. Wenn wir uns auf den Weg machen, stellen wir irgendwann fest, dass wir nicht mehr die Person sind, die wir vor einigen Jahren noch waren.

Wagen Sie den Schritt in die Tiefe?

> *Wahrlich, keiner ist weise,*
> *der nicht das Dunkel kennt.*
> Hermann Hesse

Viele Menschen fürchten sich vor ihrer eigenen Tiefe, denn dort lauern auch unsere ungeliebten und unbewussten Seiten. Wenn wir uns ernst nehmen, führt jedoch kein Weg an dieser Tiefe vorbei, auch wenn sie uns manchmal wie ein Abgrund erscheint. Zu bestimmten Zeiten in unserem Leben hat diese Tiefe eine ganz besondere Relevanz: Für viele wichtige Transformationsprozesse braucht es beispielsweise den Schritt oder manchmal Sprung in diesen Abgrund, damit bestimmte Entwicklungen in uns erfolgen können.

Der vielleicht markanteste Transformationsprozess unseres Lebens ist die Pubertät. Hier sind das Tauchen in die Tiefe und die Konfrontation mit dem eigenen Tod in der Regel unumgänglich, wenn aus einem jungen Heranwachsenden ein Erwachsener werden soll. In zahlreichen indigenen Kulturen gibt es zu diesem Zweck herausfordernde und manchmal bewusst schmerzliche, gefährliche und schockierende Übergangsriten, damit dieser Schritt nicht durch Drogen- oder Gewaltexzesse oder andere Grenzerfahrungen vollzogen werden muss, wie es in unserer Kultur oft der Fall ist.

Auch wenn unser Alltag stumpf und grau geworden ist und wir in unserem äußeren Leben keinen Sinn mehr sehen, bedarf es einer intensiven Auseinandersetzung mit der eigenen Tiefe. Diese Transformationszeit in unserem Leben wird in Anlehnung an ein Gedicht von Johannes vom Kreuz *Die dunkle Nacht der Seele* genannt. Die wahrhaftige Auseinandersetzung mit der eigenen Seele und unserer Verbindung zum Göttlichen ist die Herausforderung, die hier von uns verlangt wird.

Die dunkle Nacht der Seele kann, muss aber nicht zusammenfallen mit der Midlife-Crisis – einem weiteren bekannten Wende- und Transformationspunkt unseres Lebens. Wie nicht anders zu erwarten, gilt auch hier: Die Beschäftigung mit unserer Tiefe – in diesem Fall mit unserem Lebenssinn und unserer allgemeinen Ausrichtung im Leben – ist die generelle Herausforderung dieses Lebensabschnittes.

Wir brauchen die Tiefe in unserem Leben, den Abgrund. Sonst ist unser Leben – mag es noch so reich, erfolgreich, inhaltsreich sein – schal, oberflächlich und bedeutungslos. Die tiefe Erfüllung, die wir im Innen erfahren können, stellt nämlich alle Verheißungen der äußeren Welt bei Weitem in den Schatten.

Was können Sie in der inneren Tiefe erfahren?

Es ist nicht leicht,
das Glück in sich selbst zu finden,
doch es ist unmöglich,
es anderswo zu finden.
ORIENTALISCHE WEISHEIT

Es gibt unzählige Wege, die tieferen Schichten unseres Bewusstseins und die dort verborgenen Schätze zu erreichen. Ich selbst arbeite seit vielen Jahren mit einer Mischung aus verschiedenen Techniken und Praktiken, die jeweils unterschiedliche Wirkungen haben und erst in Kombination für mich effektiv und sinnvoll sind. Im Laufe des Buches werde ich auf die wichtigsten von ihnen zu sprechen kommen.

Die im Innen zu findenden Schätze sind unterschiedlicher Natur. Hier eine Auflistung, wobei die einzelnen Punkte oftmals miteinander in Wechselwirkung stehen:

➤ Erkenntnisse über uns selbst, Einsichten über Zusammenhänge des Lebens, Ideen für ein erfüllteres Leben sowie andere Inspirationen,

➤ Auflösung von Ängsten, Zwängen sowie automatischen oder unflexiblen Gedanken- und Reaktionsmustern,

➤ Entspannung unseres Systems – unser System umfasst in diesem Sinne sowohl körperliche, mentale, psychologische, emotionale und geistig-seelische Ebenen –,

➤ Erfahrung neuer Bewusstseinszustände – oder anders gesagt: neuer Energien –, die unser Sein sowie unsere Möglichkeiten auf sehr grundlegende Weise erweitern.

Neue Ideen, Inspirationen, Einsichten und Erkenntnisse

Ideen und Inspirationen bekommen wir sehr schnell, wenn wir uns unter die Oberfläche unseres Alltagsbewusstseins begeben. Beim Tagträumen etwa, beim Schreiben, beim Musikhören oder vielleicht beim Auto- oder Bahnfahren – wann immer wir in einen Zustand entspannten Fokussierens geraten, können wir solche Eingebungen haben. Erzwingen können wir sie jedoch nicht. Im Altertum galten sie zumeist als göttliche Geschenke, von Musen oder anderen himmlischen Wesen.

Auflösung von Ängsten, Urteilen und Reaktionsmustern

Um an das wahre Gold unserer Seelentiefe zu gelangen, gilt es jedoch, tiefer zu tauchen. Hierfür ist es zumeist erforderlich, dass wir uns jenen Anteilen in uns stellen, die uns bisher daran gehindert haben, direkten Zugang zu diesen Schätzen und damit unserem wahren Potenzial zu erlangen. Dies erfordert Mut und die Fähigkeit zur Beobachtung unserer selbst, ein Hinterfragen unseres bisherigen Lebensstils sowie der Überzeugungen, die diesem zugrunde liegen. Vielleicht ist dieser Abschnitt der inneren Schatzsuche derjenige, der uns am meisten herausfordert und für viele Menschen mit großen Vorbehalten und Ängsten verbunden ist.

Es kann sinnvoll sein, sich einen »Scout« oder eine erfahrene Wegbegleiterin als Führung für diesen Abschnitt der Reise auszusuchen. Die Reise in die Tiefe ist eine Reise zu den Aspekten in uns, die bisher im Unbewussten lagen. Und die Kräfte, die hier lauern, sind nicht zu unterschätzen. Der Schatz liegt verborgen in der Dunkelheit und wird bewacht von mächtigen Dämonen.

Die Dunkelheit dieser Ängste und anderer Reaktionsmuster kann furchteinflößend sein. Wenn wir an unser Potenzial wollen, müssen wir uns ihnen dennoch stellen. Diese Schattenarbeit ist Teil des Prozesses, und wir werden uns mit dieser Arbeit weiter unten (im Kapitel über unsere Einstellung) noch umfangreicher beschäftigen.

Entspannung unseres Systems

Wenn wir uns von unseren Ängsten und Dämonen nicht aufhalten lassen und noch tiefer nach innen gehen, stellen wir fest, dass sich in unserem Leben eine immer größere Weite, Freiheit und Entspanntheit einstellt. Da alles im System Mensch zusammenhängt und aufeinander reagiert, erleben wir die positiven Wirkungen in verschiedenen Lebensbereichen:

➤ Einengende Sichtweisen können sich relativieren und weiten.

➤ Körperliche Verspannungen werden nach und nach losgelassen.

➤ Unflexible Verhaltensweisen fallen von uns ab, was zu zunehmender Freiheit führt.

➤ Psychische Knoten entwirren sich.

➤ Emotionale Fixierungen und Abhängigkeiten werden weicher und lösen sich irgendwann auf.

➤ Wir erhalten einen Geschmack von unserer eigenen Seele: Wir werden zunehmend »beseelt« und »geistreich«.

Erfahrung neuer Bewusstseinszustände

Forschen wir noch tiefer, können die Schätze noch umfassender, berauschender und großartiger werden.

Erfahren wir beispielsweise mittels Meditation oder ähnlicher Praktiken neue Bewusstseinszustände, ist dies so, als würden wir in unserem eigenen Haus einen Schlüssel zu neuen, unbekannten Räumen erhalten.

Diese neuen Bewusstseinszustände können mannigfaltig sein. Hier einige Beispiele, was wir durch derlei Techniken in uns finden werden können: tiefen Frieden, innere Stille, Glückseligkeit, große Berührbarkeit, Tiefenentspannung, eine verbesserte Konzentrationsfähigkeit sowie geistige Klarheit, Zugang zu unserem gegengeschlechtlichen Persönlichkeitsanteil (Animus/Anima), zu mütterlichen, väterlichen, großmütterlichen und großväterlichen Aspekten sowie anderen archetypischen Kräften, eine kindliche Lebensfreude und Unschuld, intuitive Fähigkeiten, Weisheit und direktes Wissen, umfassende und bedingungslose Liebe, Zustände von Verschmelzung und Auflösung, Gefühle der Verbundenheit oder Einheit mit der Erde, den Mitmenschen und der Umwelt, direkte Erfahrung unserer eigenen Seele und unseres Selbst, tief gehende Erfahrungen der Leere (des Nichts) oder einer Absolutheit oder Wahrheit, die sich nur noch in Worten wie Göttlichkeit oder Gott ausdrücken lassen.

Je tiefer wir in unserem Inneren forschen, desto größer wird auch die Gefahr, auf dieser Reise vom Weg abzukommen und nicht mehr gesund zurückzufinden. Im schlimmsten Fall können intensive innere Erfahrungen nicht mehr in ein gesundes Alltagsbewusstsein integriert werden, wenn wir nämlich keinen Bezugsrahmen finden, um diese Erfahrungen für uns plausibel einordnen zu können.

Nicht wenige Menschen schrecken vor bestimmten Erfahrungen zurück, weil sie nicht verstehen, was mit ihnen in solchen Situationen geschieht. So können beispielsweise Zustände von Verschmelzung und Auflösung für unsere Ich-Identität als sehr bedrohlich wahrgenommen werden. Der Sprung in das

»Nichts« dieser Auflösung ist für viele mit Todesängsten verbunden, und oftmals braucht es danach Zeit, um diesen Schritt unserer Bewusstseinsentwicklung gut integrieren zu können.

Erfahrungen unserer wahren Größe und Göttlichkeit können hingegen zu einer sogenannten Inflation der Ich-Identität führen. Wir entwickeln in diesem Fall beispielsweise übermäßigen Stolz und überhöhen uns, weil wir nicht erkennen können, dass diese Göttlichkeit etwas ist, was in jedem Menschen ruht.

Trotz dieser Gefahren lohnt sich die Reise – gerade auch in die größeren Tiefen unseres Unbewussten. Die Schätze, die wir hier finden, haben hauptsächlich Seinscharakter und weniger einen direkten praktischen Nutzen für unseren Alltag. Dennoch bilden sie die Grundlage für unsere menschlichen Qualitäten und bieten damit weitreichendere Entwicklungsmöglichkeiten, als es die Schätze an der Oberfläche vermögen.

Wenn wir uns auf den Weg in unsere Tiefe begeben und die Türen zu neuen Erfahrungen öffnen, so erleben wir diese Zustände in der Regel zunächst nur vorübergehend. Mit der Zeit treten diese Zustände dann aber häufiger auf und bereichern zunehmend unser Leben. Bis sie irgendwann immer mehr zur Grundlage unseres Alltagsbewusstseins werden.

Diese tiefen Schätze können uns in unglaublicher Weise innerlich erfüllen. Wer einmal Zugang zu solchen Zuständen von Ekstase, innerer Freiheit und innigster Liebe erlangt hat, mag die Sinnhaftigkeit des äußeren Lebens bezweifeln. Es kann durchaus passieren, dass wir für eine gewisse Zeit zu einem »Meditations-Junkie« oder einem »Sklaven der inniglich erfahrenen Liebe« werden.

Es bedarf jedoch in aller Regel auch einer äußeren Erfüllung, die wir in einem uns entsprechenden Alltag finden. Unser

Familienleben, unsere Freundschaften, unsere Aufgaben, Ziele, Herausforderungen und eine individuell geprägte Lebensgestaltung vermögen uns auf andere Weise zu erfüllen als die Schätze unserer Tiefe.

Nur wenn beide Seiten verstanden und gelebt werden, kann etwas in uns komplett werden. Dann können wir irgendwann aus diesen tiefen Seinszuständen heraus auch einen anspruchsvollen Alltag leben – ohne uns im Außen zu verlieren.

Einige Schätze können in Kleinigkeiten bestehen: Wir haben beispielsweise spontan eine Idee, wie wir unser Leben ein bisschen einfacher oder intensiver erleben können. Oder wir lernen, etwas mehr Liebe in unseren Alltag zu bringen. Andere Schätze können innerhalb kurzer Zeit wahrlich unser ganzes Leben verändern, weil sie unser Weltbild auf den Kopf stellen oder uns Zugang zu neuen Zuständen eröffnen, die unseren Wesenskern berühren und uns wahrhaft zu wandeln vermögen.

So betrachtet haben manche Schätze eine geringe Energie, das heißt, sie bieten kaum Möglichkeiten, unser Leben zu verändern, und andere eine sehr hohe, weil sie unser Leben komplett wandeln können. Anders ausgedrückt:

Je höher die Energie der gefundenen Schätze, desto größer ist ihr Potenzial, unser Leben zu verändern. Desto schwieriger ist es jedoch zumeist auch, diese in unseren Alltag zu integrieren.

Wie können Sie Ihre inneren Schätze finden?

Es gibt unterschiedliche Arten, die Schätze aus der eigenen Tiefe zu finden. Manche sind zielgerichtet, wie beispielsweise Meditations- und Trancetechniken, schamanische Reisen oder gezielte Methoden zur Entspannung oder Tiefenentspannung. Andere dagegen sind scheinbar willkürlich oder ziellos.

Denn wir erhalten einige dieser Schätze mehr oder weniger automatisch auf der Reise unseres Lebens: durch unsere ernsthaften Bemühungen, unser Lernen, unser Scheitern, unseren Schmerz, unsere Liebe, unsere Begeisterung und Lebensfreude, durch unsere Partnerschaften, Familienbeziehungen und andere intensive Begegnungen – unsere Offenheit dem Leben gegenüber.

Wenn Sie Ihre innere Tiefsee zielgerichtet erkunden wollen, ist es sinnvoll, sich auf die Suche nach einer oder mehreren Techniken oder Praktiken zu begeben, die für Sie stimmig sind und die es Ihnen erlauben, tiefer und tiefer in Ihrem Inneren zu forschen. Bestenfalls sind diese Techniken dabei eingebettet in eine alte Tradition. Denn die Reise in die Tiefe birgt wie gesagt Gefahren, die nur wenige Menschen überblicken. Für größere Forschungsreisen in die Tiefe ist es in jedem Fall sehr vorteilhaft, eine erfahrene »Perlentaucherin« oder einen erfahrenen »Schatzsucher« als Begleitung zu engagieren. Hiermit sind spirituelle Lehrer, Therapeuten oder auch einige Coaches gemeint, die entsprechende Erfahrungen in ihrer eigenen Tiefe und bei der Begleitung anderer Menschen gesammelt haben. Sie können die Reise deutlich ergiebiger gestalten und jahrelanges eigenes Suchen an falschen Plätzen ersparen.

Die gefundenen Schätze sind in gewisser Weise jedoch immer Geschenke. Denn wir können auf dieser Suche nichts erzwingen, sondern lediglich Voraussetzungen und Umstände schaffen, damit diese Geschenke leichter zu uns finden. Es gibt allerdings einige mehr oder weniger geheime Schlüssel, um derlei Schätze in unser Leben einzuladen. Bei diesen Schlüsseln handelt es sich um innere Ausrichtungen, Einstellungen oder Verhaltensweisen, die unser Herz und unsere Seele auf verschiedene Weise aufweichen, entkrampfen und öffnen. Sieben davon sollen im Folgenden vorgestellt werden.

> *Wer sich nach Licht sehnt,*
> *ist nicht lichtlos,*
> *denn die Sehnsucht ist*
> *schon Licht.*
> BETTINA VON ARNIM

Schauen Sie, welcher dieser Schlüssel aktuell in Ihr Schloss zur Selbstvertiefung passt. Von welchem dieser Schlüssel fühlen Sie sich speziell angezogen? Bei welchem Thema springt automatisch etwas in Ihnen an? Wo gehen Ihre Türen von allein auf?

Der 1. Schlüssel: Sehnsucht

Wenn wir die inneren Schätze in unser Leben einladen wollen, besteht eine Möglichkeit darin, sich nach ihnen zu *sehnen:* nach dem Frieden, den wir vielleicht in uns erahnen, der tiefen Liebe, die wir in Augenblicken vielleicht schon einmal erfahren durften, nach unserer Kreativität, nach Angstfreiheit, Weite, Lebensfreude oder innerer Ekstase.

Denn unsere Programmierung mag unser aktuelles Leben bestimmen. Aber:

INSPIRATION 5:
Unsere Sehnsucht definiert unser Schicksal.

Wenn wir uns nach Stille sehnen, liegt in dieser Sehnsucht bereits der Geschmack der Stille. Wenn wir uns nach tiefer Liebe sehnen, erspüren wir bereits den Hauch dieser tiefen Liebe in der Sehnsucht.

Und auch wenn wir uns danach sehnen, reich zu sein oder eine bestimmte Rolle im Leben zu spielen, so brauchen wir nur dieser Sehnsucht zu folgen. Sie führt uns nicht nur innerlich an den Ort der Umsetzung, sondern vermag uns auch im Außen Türen dorthin zu öffnen.

**Unsere Sehnsucht ist ein Schlüssel zu allen Schätzen
dieser Welt – im Innen wie im Außen.
Sehnsucht ist eine Form der Liebe – die passive
Seite der Liebe!**

Sehnsucht ist eine Form der Liebe, bei der wir uns öffnen und eine Art Vakuum erzeugen. Die Welt kann nicht anders – sie wird früher oder später dieses Vakuum füllen, wenn wir es offen halten und durch die Türen gehen, die sich uns zeigen werden. Hierzu bedarf es unserer Bereitschaft, in der Offenheit und Bedürftigkeit dieser Sehnsucht zu verweilen, sowie des

> *Mit den Kräften der Liebe suchen die Fragmente der Welt einander, auf dass die Welt sich vollende.*
> TEILHARD DE CHARDIN

45

Mutes, Neuland zu betreten, neue Möglichkeiten, Sichtweisen und Zustände auszuprobieren.

Unterscheiden sollten wir jedoch zwischen einer wahren Sehnsucht in uns und dem Wollen unserer Person. Eine wahre Sehnsucht hat immer etwas Erhabenes, denn in ihr liegt der Geschmack unserer Seele, aus der jede wahre Sehnsucht entspringt. Authentische Sehnsucht entspringt einem offenem Herzen und innerem Loslassen, während das persönliche Wollen ein inneres Greifen beinhaltet und unser Herz tendenziell verschließt. Ich werde an späterer Stelle noch ausführlicher darauf eingehen.

Eine wahre Sehnsucht führt uns immer über uns selbst hinaus – über unsere aktuellen Möglichkeiten und Fähigkeiten, unsere Lebensumstände, unser Weltbild, unseren Bewusstseinszustand.

Wahre Sehnsucht entspringt unserem Innersten und ist unabhängig von unserer Programmierung. Daher kann uns wahre Sehnsucht aus dem Netz der Erwartungen, die unsere Eltern, die Gesellschaft und eine eigene verinnerlichte Instanz an uns haben, befreien.

Hat man eine wahre Sehnsucht gefunden, ist sie wie ein goldener Faden, der zurück nach Hause führt – durch das Dickicht von Moralvorstellungen, Erwartungen und anderen (fremden

> *Wenn etwas zu dir gehört und du es sehr lieb hast, dann lass es frei, wie einen Vogel ...*
> *denn wenn es wirklich zu dir gehört, dann wird es wieder zu dir zurückkehren.*
> KYBELE

und eigenen) Zielvorgaben, die nicht unserer wahren Natur entsprechen. Denn eine wahre Sehnsucht verbindet uns letztlich mit unserer Seele und Essenz.

Folgende Fragen können wir für uns beantworten, um eine wahre Sehnsucht zu finden:

> *Glück entsteht oft durch Aufmerksamkeit in den kleinen Dingen, Unglück oft durch Vernachlässigung kleiner Dinge.*
>
> WILHELM BUSCH

1. Welche Sehnsüchte sind in mir unerfüllt?
2. Wenn wir eine Sehnsucht gefunden haben ... Liegen dieser Sehnsucht tiefer gehende Sehnsüchte zugrunde? (Ein Beispiel: Vielleicht haben Sie Sehnsucht nach einer erfüllenden Partnerschaft. Was würde eine solche Partnerschaft im Außen oder im Innen an Erfüllung mit sich bringen? In welchen Zustand würden Sie dabei geraten? Sehnen Sie sich vielleicht in Wirklichkeit nur nach dieser Erfüllung und diesem Zustand?)
3. Ist die so gefundene neue Sehnsucht wirklich die tiefste Sehnsucht, die Sie haben? Oder gibt es eine oder mehrere andere Sehnsüchte, die grundlegender sind?

Der 2. Schlüssel:
Genießen, Wertschätzen, Dankbarkeit

Ein wichtiger Grund, warum viele Menschen keinen inneren Frieden und keinen Zugang zu innerer Liebe finden und in wenig Wahrhaftigkeit leben, liegt darin, dass die innere Programmierung vieler Menschen diesen Schätzen weniger Wert beimisst als beispielsweise den äußeren Reichtümern eines erfolgreichen und angesehenen Lebens. Dabei kann die innere Programmierung durchaus im Gegensatz zu unserem eigentlichen tiefen Wollen und unseren Bedürfnissen stehen, wie wir weiter unten noch ausführlich besprechen werden.

Um Zugang zu den Schätzen unserer Tiefe zu haben, braucht es manchmal nur einer Veränderung in dieser Hinsicht:

INSPIRATION 6:
Genießen Sie die inneren Reichtümer – und sie werden zu Ihnen finden und bei Ihnen bleiben.

Wenn wir bewusst genießen, schafft dies eine starke energetische Verbindung. Wir werden auf diese Weise auf das Objekt des Genusses ausgerichtet und innerlich geprägt. Diese Verbindung ist viel stärker, als wenn wir nur über etwas nachdenken oder etwas in unser Leben wünschen. Genießen wir beispielsweise ganz bewusst Zustände von innerem Frieden, bildet sich in uns eine große Bereitschaft, diese immer wieder zu erfahren. So können wir dann auch kleine Momente von Frieden stärken, indem wir diese zunächst bewusst wahrnehmen und durch unsere genussvolle Aufmerksamkeit intensivieren und verlängern.

> *Dankbarkeit öffnet die Fülle des Lebens. Sie verwandelt das, was wir haben, in »genug«, Chaos in Ordnung, Konfusion in Klarheit. Sie kann ein Essen in ein Festmahl, ein Haus in ein Heim und einen Fremden zu einem Freund machen.*
>
> MELODY BEATTIE

Dankbarkeit und Wertschätzung haben vergleichbare Auswirkungen wie bewusstes Genießen, wandeln jedoch auch das, was wir bereits haben, auf magische Weise:

INSPIRATION 7:
Wann immer Sie tiefe Dankbarkeit oder Wertschätzung empfinden, führt Sie diese auf direktem Weg in einen inneren Zustand der Fülle. Dieser nimmt Ihnen jeden Mangel und öffnet Sie für Ihre Tiefe.

So haben Wissenschaftler des HeartMath Institutes bewiesen,[3] dass Wertschätzung einige sehr positive Auswirkungen auf unseren Gesamtorganismus hat. Zahlreiche Körperfunktionen werden dadurch unterstützt. Die Stressempfindung wird erheblich reduziert, und sogar das Immunsystem wird nachweislich gestärkt. Uns geht es binnen kurzer Zeit automatisch und fühlbar besser – selbst wenn wir diesen Zustand willkürlich und willentlich herbeigeführt haben.

Wenn wir Wertschätzung oder Dankbarkeit empfinden, rücken wir ab von der Beschäftigung mit unserer eigenen Person. Selbst wenn es uns nicht gut geht, wir Probleme haben oder voller Sorgen sind – sobald wir es schaffen, aufrichtige Dankbarkeit oder Wertschätzung zu empfinden, ist dies wie ein Befreiungsschlag aus dem eigenen Elend. Dankbarkeit und Wertschätzung öffnen uns die Tür, damit wir uns unbelastet mit unserer Tiefe beschäftigen können. Je tiefer wir diese Zustände empfinden, desto stärker öffnen sie zudem unser Herz und erlauben uns, die Welt und uns selbst intensiv zu erleben, während innere Blockaden in diesem Prozess reduziert werden. Der Schlüssel von Genießen, Wertschätzen und Dankbarkeit erlaubt uns die Schätze der Tiefe bewusst wahrzunehmen, sie in unser Leben einzuladen und behindernde innere Dynamiken wegfallen zu lassen.

> »Es sind unsere Entscheidungen, Harry, die zeigen, was wir wirklich sind – weit mehr als unsere Fähigkeiten.«
>
> ALBUS DUMBLEDORE
>
> (J. K. ROWLING)

Genießen, wertschätzen, danken – es hört sich so einfach an. Zu schön, um wahr zu sein. Ja, manchmal liegt das Gold wirklich direkt vor uns und will nur aufgehoben und poliert werden.

… und – psst – dieser Schlüssel funktioniert übrigens auch für die äußeren Reichtümer, insbesondere wenn er gekoppelt wird mit einer Einstellung des Dienens für andere und die Welt. Auch darauf werden wir später noch eingehen.

Die Sache hat jedoch, das sei schon hier gesagt, einen kleinen Haken! Denn das Leben präsentiert uns regelmäßig Weggabelungen, an denen wir uns zu entscheiden haben. Und wie auch immer wir uns entscheiden – es wird unser Leben bestimmen. Für die große Lebensausrichtung ist dies sicherlich aus sich selbst heraus evident: Die Berufswahl, die wir treffen, den Lebenspartner, den wir wählen, oder die Frage, ob wir Kinder bekommen wollen oder nicht – diese Entscheidungen prägen unser Leben.

Daneben gibt es aber auch die vielen, vielen kleinen Entscheidungen, die wir täglich zu treffen haben. Indem wir an den vielen kleinen Weggabelungen unseres Alltags immer wieder das eine in unser Leben einladen und zulassen und das andere ablehnen, entscheiden wir fortwährend über unseren Bewusstseinszustand und über die Qualität unseres Seins.

Dies hat sehr weitreichende Konsequenzen – gravierendere, als uns vielleicht bewusst ist: Genieße ich meine aktuelle Lebensfreude und Beschwingtheit, oder folge ich dem anderen Impuls in mir, der mir beispielsweise gerade erzählt, ich sei hungrig, erschöpft oder schläfrig? Verweile ich in dem Frieden, den ich gerade erfahre, oder folge ich der bekannten Angst in mir, die mich dazu verleitet, mir Sorgen über die Zukunft zu machen? Schätze ich die Tiefe und Herzlichkeit meiner besten Freundin oder wird etwas in mir unruhig und wendet sich ab, wenn ich zu viel davon erfahre? Was ist mir wichtiger: Der liebevolle Umgang mit meiner Mutter oder der Abend mit meinen Freunden vom Sport?

Es ist hilfreich zu erkennen, dass wir anhand solch anscheinend unbedeutender Weggabelungen immer wieder selbst entscheiden, was wir in unserem Leben stärken, welche Tiefe zu uns finden kann, wie viel Lebensenergie uns im Alltag zur Verfügung steht und in welchen Zuständen wir uns kurz- und langfristig befinden.

Die meisten dieser kleinen Alltagsentscheidungen treffen wir unbewusst. Es sind unsere innere Programmierung, unsere Automatismen und Reaktionsmuster, die uns

> *In jedem Augenblick entscheidet man sich tatsächlich zwischen Himmel und Hölle … Der kumulierte Effekt entscheidet über unser Schicksal.*
> DAVID HAWKINS

immer wieder verleiten, uns für die vielen Abzweigungen zu entscheiden, die uns nicht zu uns selbst, nicht in unsere Tiefe und nicht zu unseren wahren Schätzen führen.

INSPIRATION 8:

Unsere innere Programmierung, unsere Automatismen und Reaktionsmuster verhindern allzu oft, dass wir das Gold erkennen, welches vor uns liegt.

Im Kapitel *Wie können Sie Ihre Einstellungen positiv verändern?* werden wir uns diese inneren »Verhinderer« noch genauer anschauen. Genießen, Wertschätzen und Dankbarkeit sind wichtige Fähigkeiten, die wir bewusst zu unserer Selbstentwicklung einsetzen können. Sie lassen sich vertiefen, intensivieren und nach und nach auf immer mehr Bereiche unseres Lebens ausweiten. Wie alle anderen Fähigkeiten lassen sich auch diese Fähigkeiten trainieren, indem wir Ihnen Beachtung schenken und sie bewusst nutzen.

Wenn Sie Ihre Genussfähigkeit, Ihre Wertschätzung und Dankbarkeit ausbilden möchten, können Ihnen die folgenden Fragen und Anregungen behilflich sein:

1. Was genieße ich in meinem Leben?
2. Was schätze ich in meinem Leben wert?
3. Wofür bin ich dankbar?
4. Nehmen Sie sich vor, Situationen und Zustände zu vermehren, in denen Sie diese Fähigkeiten bewusst einsetzen können.
5. Nehmen Sie sich vor, Genuss, Wertschätzung und Dankbarkeit zu einer täglichen Praxis werden zu lassen. Oft können Sie dies in vielen kleinen Begebenheiten anwenden.

6. Irgendwann können Sie diese Fähigkeiten dann auch in schwierigen Situationen praktizieren und diese dadurch zum Guten wenden. Genuss können wir immer in unserem Atem finden. Für jedes Problem können wir dankbar sein durch die Lernaufgabe, die wir erhalten. Und jedes Lebewesen kann unsere tiefe Wertschätzung erfahren. Besonders berührend und inspirierend empfinde ich als Vorbild und Beispiel hier den Benediktinermönch David Steindl-Rast, der in zahlreichen Videos und Artikeln im Internet insbesondere unsere Fähigkeit zur fortwährenden Dankbarkeit anspricht.

Der 3. Schlüssel: Wenig wollen, viel benötigen

Es hat viele positive Auswirkungen, wenn wir unsere innere Welt und Tiefe mit den besten Absichten und unserem besten Verhalten betreten. Dazu gehört auch, nichts für uns selbst zu wollen.

So paradox es klingen mag – die Suche nach unseren inneren Schätzen sollte keine Schatzsuche zu unserem persönlichen Vorteil sein! Vielmehr ist es eine Suche, bei der wir einem höheren Ruf in uns folgen, uns dorthin tragen lassen, wo er uns hinführt, uns auf vielfältige Weise öffnen lassen. Denn ...

INSPIRATION 9:
Unser Greifen in Form von Wollen und Wünschen verengt uns, anstatt uns zu öffnen und zu befreien. Lassen Sie daher los, was Sie wollen, und machen Sie sich stattdessen bewusst, was Sie benötigen – und Ihr Leben wird erfüllter werden.

Es bedarf der inneren Öffnung, um die Schätze aus der Tiefe zu erhalten. In unserem greifenden Wünschen und Wollen liegt also bereits eine Ursache, weshalb bestimmte Schätze nicht zu uns finden können. Jede Wunscherfüllung beinhaltet den Samen für die nächste Unzufriedenheit, den nächsten Wunsch, die nächste Wurst, die wir uns sinnbildlich vor die eigene Nase halten. Dies ist ein niemals endendes Spiel, das wir mit uns selbst spielen können. Erst wenn wir es durchschauen und uns auf das fokussieren, was in unserem Leben einen tatsächlichen Wert und eine Notwendigkeit besitzt, können wir aus dem Spiel aussteigen.

Es bringt sehr viele Vorteile mit sich, wenn wir dieses innere Greifen so weit als möglich aufgeben und uns stattdessen bewusst machen, was wir wirklich benötigen. Diese Genügsamkeit führt uns in einen Zustand innerer Stabilität und Einfachheit, der uns erlaubt, im Innen wie im Außen das zu realisieren, was für unsere Seele und unseren Wesenskern eine wirkliche Bedeutung hat.

Darüber hinaus ist zu erwähnen, dass das Leben nach einem wundersamen Mechanismus funktioniert: Wir erhalten in der Regel das, was wir wirklich benötigen. Wenn Ihnen bewusst ist, was für Sie notwendig ist, wird es Ihnen leichter fallen, sich genau danach zu sehnen, es zu genießen und wertzuschätzen. Es macht einen großen Unterschied, ob Sie beispielsweise Erfolg in Ihrem Beruf brauchen, um Ihrem Lebenssinn gerecht zu werden oder Ihre Familie zu ernähren – oder ob Sie diesen aufgrund von ungeklärten inneren Bedürfnissen erreichen wollen (weil Sie beispielsweise Anerkennung suchen, um damit ein Minderwertigkeitsgefühl zu kompensieren, oder weil Sie über den Erfolg Macht, Sex oder Sicherheit erlangen möchten). Das für Sie Notwendige können Sie innerlich und äußerlich mit aller Berechtigung von der Welt und auch von Gott einfordern. Oder anders formuliert:

Akzeptieren Sie in Ihrem Leben nur das, was Ihnen in Ihrer Tiefe wirklich entspricht! Je intensiver Sie alles andere ablehnen, desto schneller wird sich alles erfüllen, was wirkliche Relevanz für Ihr Leben besitzt.

INSPIRATION 10:
In der Einfachheit Ihres Lebens finden Sie Kraft, Ausrichtung und Freiheit.

Man könnte einwenden: Was ist mit all dem Leid in der Welt, dem Hunger, dem Schmerz? Wie kann es das geben, wo so viele Menschen doch eigentlich etwas anderes benötigen? Ich möchte mir nicht anmaßen, hier über das Leid anderer zu sprechen. In meinem Leben habe ich die Erfahrung gemacht, dass ich zu gewissen Zeiten großes Leid brauchte, damit sich etwas in mir öffnen, kräftigen oder klären konnte. Probieren Sie es selbst aus, ob und wie dieser Schlüssel in Ihrem Leben funktioniert.

Wenn Sie diesen 3. Schlüssel anwenden möchten, können Ihnen die folgenden Fragen und Anregungen behilflich sein:
1. Was fehlt in meinem Leben wirklich?
2. Was ist in meinem Leben überflüssig oder unnötig komplex?

3. Welche Tätigkeiten, Besitztümer oder Anhaftungen sollten besser wegfallen?
4. Worauf sollte ich weniger oder keine Energie ver-
   schwenden?
5. Gibt es in mir eine Sehnsucht nach Einfachheit? Wenn
   ich dieser folge, wohin führt sie mich? Was sind die mit
   ihr verbundenen Wünsche für mein Leben?
6. Es gibt in uns einen Zustand, in dem wir alles haben,
   was wir benötigen. Dort fehlt uns nichts. Alles ist
   perfekt, so, wie es ist. Dort sind wir frei. Versuchen Sie
   diesen Zustand in sich zu finden.

Der 4. Schlüssel: Die Schätze unserer Tiefe teilen

Wenn wir die Schätze teilen, die wir in uns gefunden haben, ist
dies oft sehr hilfreich für uns selbst. Sie können nämlich nur
dann wirklich lebendig werden, wenn wir sie in unserem Alltag
und im Zusammensein mit anderen Menschen leben und Letz-
tere daran teilhaben lassen.

INSPIRATION 11:
*Wir erhalten die Schätze unserer Tiefe letztlich nicht für
uns selbst.*

Wenn wir Liebe erfahren, so möchte etwas in uns diese Liebe
teilen. Wenn wir Frieden, Stille und Harmonie empfinden, so
gelangen diese erst in der gemeinsamen Empfindung mit ande-

ren zu ihrer Vollendung. Es gibt ekstatische Zustände, für die innere Erfüllung eine kaum ausreichende Bezeichnung darstellt. Aber selbst solche Zustände verlieren mit der Zeit an Wert, wenn sie keinen Nutzen für unsere Umwelt haben. Hinzu kommt die alte Erkenntnis, dass wir nur das, was wir anderen Menschen beibringen können, auch wirklich verstanden und durchdrungen haben.

Wenn wir über unsere eigenen inneren Erfahrungen schreiben oder sie auf andere Weise teilen, kräftigen wir nicht nur unseren eigenen Zugang in unsere Tiefe. Wir erhalten hierdurch auch eine immer größer werdende Klarheit über uns selbst und über die Mechanismen und Programmierungen, die in uns und anderen am Wirken sind.

Darüber hinaus ist es wichtig zu bemerken, dass es einen Punkt in unserer Entwicklung gibt, an dem die eigene Vertiefung keine wirkliche Bereicherung mehr darstellt. Die innere Reise muss dann wieder zu einer vertieften und bereichernden Interaktion mit unserer äußeren Umwelt führen, sonst kreisen wir in einer endlosen inneren Bemühung pseudo-spirituell nur immer weiter um uns selbst.

Wenn wir unsere Tiefe verbal oder nonverbal zu teilen vermögen, öffnen wir die Türen zu den inneren Schätzen auch für andere Menschen. Nur so können sie sich entfalten. Und nur so schaffen wir Platz für wiederum neue Schätze in uns selbst. Es geht bei diesem Schlüssel nicht darum, anderen Menschen zu helfen, sondern authentisch und aufrecht, in unserer tiefen Menschlichkeit zu sein bei allem, was wir tun. Dies wird dann auch einen Effekt auf unser Umfeld haben. Aber wir sollten diesen nicht willentlich ansteuern.

Was würde es für Sie persönlich bedeuten, Ihre inneren
Reichtümer mit anderen Menschen zu teilen?
Wie sähe dies konkret aus?
Können Sie vielleicht bereits durch Kleinigkeiten im
Beisammensein mit Ihrer Familie, Ihren Freunden oder bei
der Arbeit diesen Schlüssel für sich anwenden?

Der 5. Schlüssel: Schmerz und Traurigkeit zulassen

Von allen Schlüsseln ist dieser der am schnellsten und zielge-
richtetsten wirkende – und es ist zugleich der unpopulärste.
Wenn wir unbequeme, schmerzhafte und mit Trauer verbunde-
ne Situationen als vorhandene Realität akzeptieren und uns ihnen bewusst stellen, sie fühlen, ertragen und in uns aufnehmen
(ohne in ihnen zu versinken), kann über einen solchen Prozess
eine große Öffnung zur Tiefe in uns entstehen.

INSPIRATION 12:
Psychischer Schmerz ist immer ein Dehnungsschmerz.
Wir sind es selbst, die dabei wachsen und geweitet werden.

Und gleichzeitig ist psychischer Schmerz immer ein Zeichen
dafür, dass noch etwas in uns festhält, noch nicht ganz loslassen,
zulassen, akzeptieren möchte oder
kann. Schmerz und Trauer sind die
direktesten Anzeichen dafür, dass es
an den schmerzhaften Punkten et-

> *Schmerz ist das*
> *Zerbrechen der Schale,*
> *die dein eigenes*
> *Erkennen umgibt.*
> KHALIL GIBRAN

was zu lernen gibt. Dass genau hier innere Schätze gehoben werden können. Wenn wir lernen, den Schmerz behutsam zuzulassen, nimmt er ab. Denn wir geben uns dabei hin und öffnen uns in eine größere innere Entspanntheit. Manchmal finden wir dann hinter dem Schmerz eine Freude oder eine Freiheit. Manchmal jedoch befindet sich hinter dem Schmerz eine große Trauer.

INSPIRATION 13:
Trauer ist der Ruf unserer Tiefe nach Beachtung. Sie ist eine Einladung, uns nach innen zu wenden. Seien Sie gewiss: Wenn Sie bewusst durch die Trauer hindurchgehen, befindet sich dahinter der Weg zu neuen inneren Reichtümern.

Es gibt schmerzhafte Prozesse sowie Perioden der Trauer, die uns einfach überfordern. Aber wenn wir nicht aufgeben, liegt auch am Ende eines jeden noch so düsteren Tunnels ein Schlüssel zu neuem Licht und neuer Liebe. Es braucht kein persönliches Leid zu sein, das wir bejahen und zulassen. Gerade in unserer aktuellen Zeit erhalten wir viele Gelegenheiten beziehungsweise Aufforderungen, den Schmerz, den wir in der Welt sehen, wahrzunehmen, zu fühlen und zu ertragen. Von den Kriegen im Nahen Osten und dem Klimawandel mit all seinen negativen Auswirkungen auf Mensch und

> *Wie man mit einer schmerzhaften Erfahrung umgeht: Lass sie schmerzen. Lass sie bluten. Lass sie heilen. Und lass sie gehen.*
> NIKITA GILL

Natur über das große Leid in der Massentierproduktion bis zu den verdreckten Ozeanen mit sterbenden Seevögeln und dem immer weiter voranschreitenden Tier- und Artensterben. Wir leben in einer Zeit, in der uns unsere Fähigkeit zum bewussten Mitleid sehr tief führen kann. Vielleicht ist dies auch ein Teil dessen, was von uns durch all dieses Leid in der Welt gefordert wird: uns öffnen, damit wir lernen mitzuschwingen, mit allem um uns herum.

Hier eine einfache Übung, um Schmerz und Trauer als Schlüssel zur eigenen Tiefe zu benutzen. Sie hat sich sowohl in der Eigentherapie als auch bei der Begleitung in zahlreichen Coaching-Sessions bewährt:

1. Gehen Sie innerlich an den Punkt Ihres psychischen Schmerzes beziehungsweise Ihrer Trauer. Überfordern Sie sich dabei nicht. Gehen Sie nur so weit in die Trauer oder den Schmerz, wie Sie es gut aushalten können.

2. Halten Sie diesen Zustand behutsam und liebevoll aus. Beobachten Sie, was sich innerlich in Ihnen tut. Welche Gedanken kommen auf? Welche Erinnerungen? Welche Bilder? Welche zusätzlichen Gefühle? Bleiben Sie dabei in einer liebevollen Beobachterrolle Ihrer selbst. Folgen Sie weder Ihren Gedanken in eine scheinbare Realität, die Sie vielleicht hin zu Wut, Aggression oder Resignation führen könnte. Versinken Sie auch nicht in Trauer oder Schmerz. Kehren Sie immer wieder in einen Zustand des Beobachtens und Bezeugens Ihres inneren Erlebens zurück.

3. Nach einer Zeit wird sich Ihr inneres Erleben wandeln. Der Schmerz oder die Trauer wird aufweichen und den

Weg zu tieferen Schichten frei machen. Auch dort mögen sich wieder Schmerz oder Trauer befinden. Seien Sie geduldig mit sich. Gehen Sie den nächsten Schritt in Ihre Tiefe, wenn es sich für Sie stimmig anfühlt.

Anmerkung: In diesem Prozess kann es sehr hilfreich sein, wenn Sie einen kompetenten und liebevollen Therapeuten oder Coach an Ihrer Seite haben, der diesen Zustand mit Ihnen zusammen empfindet und Sie auf diese Weise während des Prozesses »hält« und stützt. Auch intime Freunde und Partner könnten diese Aufgabe übernehmen.

Der 6. Schlüssel:
Unsere »erwachsene« Hilflosigkeit

Wir sind stets nur in der Lage, so weit zu gucken, wie wir gerade stehen und den Kopf recken können. Zwar können wir uns auf die Schulter von Riesen stellen, indem wir uns in unseren tiefsten Lebensfragen an Menschen orientieren, bei denen wir Weisheit, gelebte Tiefe und Lebenserfüllung spüren, aber wo immer wir stehen, es gibt Berge, zu denen wir aufschauen. Manche von ihnen haben wir vielleicht schon einmal erklommen und die Aussicht vorübergehend genossen. Doch immer sehen wir in der Ferne neue Berge, wir sehen, dass es ein weiteres Potenzial in uns hervorzuholen gibt. Und immer wieder stehen wir in

> *Die transformative Energie in unserem Wesen ist die Trauer. Trauer ist ein sehr kraftvolles Werkzeug.*
> CHRISTINE PAGE

unserer Entwicklung vor der Situation, dass wir den nächsten Schritt nicht kennen. Das Herumtasten in der Dunkelheit, ohne den Gesamtüberblick finden zu können, gehört offensichtlich zum Entwicklungsprozess unseres Lebens dazu.

Wenn wir uns dies eingestehen und immer wieder auch in dieser Hilflosigkeit verweilen, so vermögen wir uns hierdurch weiter zu öffnen. Es geht dabei nicht um eine kindische Hilflosigkeit, in der wir keine Verantwortung für unser Tun oder unsere Situation übernehmen. Gemeint ist stattdessen jene Hilflosigkeit, bei welcher wir alle Schritte gegangen sind, die wir gehen konnten. Wenn wir unsere Weisheit, Kompetenz und unseren gesunden Menschenverstand genutzt haben und uns nach dem Ausschöpfen all unserer Möglichkeiten aufrichtig unsere Hilflosigkeit eingestehen, können wir diese optimal nutzen, um die Tür für die nächste Ebene unserer Tiefe und Weisheit zu finden.

INSPIRATION 14:
Unsere bewusste Hilflosigkeit können wir zielgerichtet einsetzen. Indem wir uns unsere Hilflosigkeit eingestehen, sie zulassen und uns ihr hingeben, öffnen wir Tore für neue Inspirationen, eine Entspannung der Situation und Problemlösungsalternativen.

Wann immer wir sagen: »Ich weiß« oder »Ich kann«, sind wir verschlossen für das Neue. Vielleicht würde uns gerade in diesem Moment eine geniale Inspiration zur Verfügung stehen. Aber wenn wir davon ausgehen, dass wir die Dinge durch unsere eigene Kompetenz bewältigen können, fehlt uns die Offenheit für die Intuition, Inspirationen und sonstige »Wunder«, die ohne Vorankündigung in unser Leben treten können.

Wir können durch unser bewusstes Verweilen in einem Zustand der Hilflosigkeit eine Lücke des Nichtwissens und Nichtkönnens eröffnen und diese Lücke (aus)halten, während um uns herum sonst vielleicht jede Lücke, jede Pause und jeder Raum für Besinnung fehlen. Oder wir finden durch unser Nichtwissen die richtige Frage. Auch haben wir die Möglichkeit, dieses Nichtwissen direkt zu nutzen, um zu beten und uns für eine höhere Instanz und deren Lösungsangebote zu öffnen. Ich kenne niemanden, der dies versucht hätte und nicht erstaunt gewesen wäre über die Hilfe, die wir durch eine solche Hinwendung immer wieder wie aus dem Nichts erhalten. So ist es möglich, in unserem Nichtwissen einfach zu verweilen, um zuzuhören. Wir können nach innen lauschen, welche Gedanken, Bilder oder Gefühle in uns aufsteigen. Und wir können nach außen lauschen, welche »zufälligen« Hinweise wir vielleicht gerade in schwierigen Situationen in der äußeren Welt erhalten. In Offenheit beobachten wir dann, wie sich das Puzzle unseres Lebens oftmals wie durch Wunderhand zu einem stimmigen Bild zusammensetzt und Lösungen zu schwierigen Situationen in unserem Leben auftauchen.

> *Mutter Teresa wurde gefragt, was sie in ihren Gebeten sagt. Sie antwortete: »Ich lausche.« – »Und was sagt Gott dann?« – »Er lauscht.«*

Wenn Sie sich von diesem Schlüssel angesprochen fühlen, kann die folgende kurze Meditation hilfreich für Sie sein:

1. Wählen Sie eine Situation oder ein Problem aus, wo Sie nicht weiterkommen. Dies kann eine Angelegenheit in der äußeren Welt sein oder ein Problem in Ihrer Psyche, mit Ihren Emotionen, Ihrem Geist oder Ihrer Seele.

2. Begeben Sie sich innerlich in diese Situation. Versuchen Sie sich dieser Situation hinzugeben, indem Sie sich Ihr Scheitern eingestehen.

3. Bleiben Sie mit Ihrer Aufmerksamkeit dennoch in der Situation, ohne sie verändern zu wollen.

4. Öffnen Sie sich dabei gefühlsmäßig zum Beispiel nach oben, nach hinten oder nach unten – schauen Sie, was sich für Sie richtig anfühlt. Und empfangen Sie, was vielleicht aus einer dieser Richtungen zu Ihnen kommen möchte. Wenn Sie mögen, beten Sie oder lauschen Sie. Machen Sie den Versuch, dabei für eine kurze oder längere Zeit nicht zu denken und einen leeren Raum, eine Lücke, ein »Nichts« in sich selbst zu halten.

5. Bleiben Sie dabei dennoch innerlich wach, und beobachten Sie, was geschieht.

6. Achten Sie auf Ihre inneren Bilder und Gefühle. Es kann sein, dass die schwierige Situation sich auflösen oder nach oben »wegfliegen« möchte oder es sich so anfühlt, als würde sie von Ihnen genommen. Oder etwas kommt – gefühlt oder durch innere Bilder – zu Ihnen, was sich vielleicht später als eine Lösung entpuppen wird. Bleiben Sie in einer rezeptiven Haltung, falls dies geschehen sollte.

7. Ein innerer Dank kann sich dann richtig anfühlen.

Der 7. Schlüssel: Bedingungslose Liebe

Viele Menschen besitzen nicht die Fähigkeit, Gefühle von bedingungsloser Liebe in sich selbst zu erzeugen oder diesen Zustand gar längerfristig zu halten. Bedingungslose Liebe ist ein Schatz, den wir in unserer Tiefe finden können. Besitzen wir ihn, ist er ein sehr kraftvoller Schlüssel, um uns für viele weitere Schätze in unserem Inneren zu öffnen. Es handelt sich dabei nicht um jene Liebe, die wir als Verliebtheit zwischen zwei Partnern bezeichnen oder die Liebe zu einem bestimmten Objekt. Bedingungslose Liebe ist unabhängig von den Handlungen, der Optik oder den Eigenschaften eines Menschen oder eines Tieres. Es ist ein innerer Zustand, der wenig mit Unterscheidung zu tun hat. Häufig ist sogar das Ziel dieser Liebe unscharf: Wenn wir erst einmal bedingungslos lieben, so können wir zumeist problemlos viele Menschen oder Dinge in diese Liebe einschließen. Bedingungslose Liebe ist tendenziell umfassend und universell.

Das große Potenzial dieses Schlüssels liegt darin, dass wir mithilfe der bedingungslosen Liebe jede innere Verhärtung, Enge und Struktur auflockern oder sogar ganz lösen können. Wenn wir es schaffen, uns selbst mit all unseren Eigenschaften zu lieben, werden auch die vermeintlich negativen Eigenschaften erheblich weniger Gewalt über uns haben oder sogar ganz von uns abfallen. Denn es gilt:

INSPIRATION 15:
Bedingungslose Liebe hebt uns auf ein (energetisches)
Niveau, das höher schwingt als die meisten unserer negativen
Eigenschaften. Sie können uns auf diesem neuen Niveau
nicht erreichen. Wir wachsen – zumindest für die Dauer
dieses Zustandes – über sie hinaus.

Wenn Sie die Fähigkeit zur bedingungslosen Liebe in sich entdecken oder vertiefen möchten, bietet sich diese kurze Meditation dazu an:

1. Wählen Sie etwas, das Sie lieben oder recht gern haben – beispielsweise ein Haustier, Ihr Kind, einen Baum, einen anderen Menschen.
2. Versuchen Sie, dem Objekt Ihrer Liebe oder Zuneigung innerlich etwas zu geben – bedingungslos und ohne Hintergedanken. Am besten geben Sie vom Herzen her, falls sich dies für Sie richtig anfühlt.
3. Halten Sie diesen Zustand des inneren Gebens eine Weile aufrecht.
4. Schauen Sie, was sich vor Ihrem inneren Auge vielleicht in der Nähe des Objekts befindet oder was sich ähnlich anfühlt.
5. Dehnen Sie Ihr bedingungsloses Geben auch auf dieses andere Objekt aus.
6. Sie können dies zu einer regelmäßigen Praxis machen und immer mehr Objekte in Ihr bedingungsloses Geben mit hineinnehmen. Versuchen Sie dabei nach und nach auch Menschen und Dinge in Ihr

inneres Geben hineinzunehmen, bei denen es Ihnen schwerfällt.

7. Im besten Fall kommen Sie irgendwann an den Punkt, wo Sie nicht mehr unterscheiden, an wen oder an was Sie geben. Herzlichen Glückwunsch! Sie strahlen wie eine Sonne!

Kommen wir nun auf die oben erwähnten vier Fragen zurück, von denen wir uns auf unserer Schatzsuche im Innen leiten lassen können. Sie sind sehr hilfreich, denn mithilfe jeder einzelnen ergründen wir jeweils einen Teilbereich unserer eigenen Tiefsee. Wir wollen diese Fragen daher in den folgenden Kapiteln individuell betrachten.

Was verleiht Ihrem Leben Sinn?

Was der Mensch wirklich braucht,
ist nicht ein spannungsloser Zustand,
sondern vielmehr das Streben und
Kämpfen um ein Ziel, das seiner
wert ist.
Viktor Frankl

INSPIRATION 16:
Die Frage nach dem, was unserem Leben Sinn verleiht, ist
vielleicht die wichtigste Frage, die wir uns stellen können.

Wenn wir uns auf eine Reise begeben, müssen wir wissen, wohin die Reise gehen soll, wir brauchen ein Ziel. Und um das Ziel auf dem offenen Ozean des Lebens zu erreichen, benötigen wir eine Art Kompass. Wir brauchen eine grundlegende Orientierung, die uns selbst entspricht. Wenn wir eine solche erst einmal gefunden haben, kann auch ein schwerer Sturm kommen, der das Schiff unseres Lebens weit vom Kurs abbringt, und dennoch werden wir wissen, in welche Richtung wir zu segeln haben.

Wie lässt sich eine Antwort finden?

Vorweg: Unser Lebenssinn hat nicht unbedingt etwas mit unseren Zielen zu tun, die wir am Arbeitsplatz oder in der Ausbildung verfolgen. Wir leben in einer Welt, in der uns in vielen Bereichen Ziele vorgegeben werden oder eigene Ziele von uns verlangt werden. Nur im Idealfall haben wir uns innerlich so weit von den gesellschaftlichen Vorgaben befreit, dass wir unsere Ziele auf der Grundlage unseres Lebenssinns frei definieren –

damit wir das, was unserem Leben Sinn gibt, möglichst häufig leben können.

> *Wer keinen Sinn im Leben sieht, ist nicht nur unglücklich, sondern kaum lebensfähig.*
> ALBERT EINSTEIN

Es gibt Menschen, die meinen, einen Sinn müsse man seinem Leben selbst geben. Diese Auffassung halte ich für schwierig, denn meiner Erfahrung nach wird jeder Sinn, den wir uns selbst mithilfe unseres Denkens geben, früher oder später wie eine Seifenblase zerplatzen! Einen Lebenssinn einfach beliebig festzulegen ist nicht möglich. Stattdessen ist es ratsam, sich auf die Suche nach einem solchen Sinn zu machen. Wenn wir ihn gefunden haben, haben wir die Wahl, ihm zuzustimmen (ihn abzulehnen oder davor zu fliehen). Einen Sinn im Leben zu finden ist wie ein Geschenk des Himmels, das wir annehmen und an dem wir uns dann ausrichten können. »Verhandlungen« sind in diesem Prozess nur bis zu einem gewissen Maße möglich, wohl aber kann sich dieser Lebenssinn im Verlauf unseres Lebens ändern.

INSPIRATION 17:

Wenn wir uns an ihm ausrichten, ist unser Lebenssinn eine
erfahrbare Energie, die uns tief erfüllen kann.

Denn wir finden unseren Lebenssinn überall dort, wo wir ihn
unmittelbar erfahren – wo uns innerlich etwas direkt ernährt,
was unser Leben rund und komplett werden lässt. Ein sinn-
volles Leben besteht aus vielen einzelnen als sinnvoll erfahrenen Momenten.

> »*Sie* haben *keine Seele,*
> *Doktor. Sie* sind *eine*
> *Seele. Sie* haben *einen*
> *Körper – vorübergehend.*«
> WALTER M. MILLER

Wir können unseren Lebenssinn zwar nicht mit unseren fünf
Sinnen wahrnehmen, doch wir
besitzen auch Sinne für Wahrhaftigkeit, Stimmigkeit, Schön-
heit, Ethik, Harmonie, Humor und Tiefe. Alle diese Sinne verbinden uns mit der Ebene der Seele in uns. Und mit diesen Sinnen können wir durchaus spüren, ob wir etwas tun, was für
unser Leben sinnvoll ist, oder nicht. Denn:

INSPIRATION 18:

Das tiefe Gefühl für Sinn entspringt weder unserer Ratio
noch unseren Emotionen, noch unserer Psyche. Es hat seinen
Ursprung in unserer Seele.

Wir erfahren unseren Lebenssinn durch unsere Seele. Sinnerfüllung ist Seelennahrung!

Die Frage nach dem Sinn in ihrem Leben können daher nur Menschen wahrhaft beantworten, die bereits Zugang zu ihrer Seele haben; nur sie können den Lebenssinn überhaupt schmecken und sich auf die Suche nach dieser Seelennahrung machen. Wer uns in unserer Suche nach Sinn nicht verstehen kann, hat wahrscheinlich wenig Erfahrung in der Interaktion mit der eigenen Seele und Essenz.

Die Suche nach Sinn ist geprägt von einer Sehnsucht und einem Hunger, die beide für unseren Verstand nicht erklärbar sind und von vielen Menschen (und oft auch von einer eigenen inneren Instanz) als nichtig abgetan werden. Dabei geben uns genau diese Sehnsucht und dieser Hunger jene Zielorientierung, die wir benötigen, um in unser *Element* zu finden!

Die Frage danach, was unserem Leben Sinn verleiht, ist daher die Frage danach, was unsere Seele wirklich in diesem Leben braucht.

Und diese Frage kann durchaus befriedigend beantwortet werden!

Je mehr wir unser Leben auf die Bedürfnisse unserer Seele und tiefsten Essenz ausrichten, desto mehr erfüllen wir den Sinn unseres Lebens. Und dies erfolgt nicht auf einer rationalen Ebene, sondern etwas in uns wird rund und komplett und satt von diesem Leben, das wir bereits gelebt haben und noch leben. Dann erleben wir tatsächlich ein Gefühl, das uns sagen lässt: »Ja, mein Leben ist zutiefst sinnvoll. Ich wate mit beiden Füßen durch Sinnhaftigkeit. In meinem Leben erfüllt sich das, was keine Fragen nach Sinn offenlässt.« Dies ist eine Erfahrung, die jeder Mensch machen kann.

Wobei und wodurch können wir Sinn erfahren?

Alle Erfahrungen, die wir in diesem Leben machen, besitzen einen intrinsischen Wert und damit – zu einem gewissen Grad – auch einen Sinn an sich. Wir mögen noch so viel Blödsinn in unserem Leben anstellen, aus einer bestimmten Sicht heraus ist jede Erfahrung – und sei sie noch so destruktiv oder sinnbefreit – ein Erlebnis, das den Erfahrungsschatz unserer Seele bereichern wird.

In diesem Sinne ist auch jeder Umweg ein Weg, der uns irgendwann hin zu einer größeren Reife führen wird. Auch in jedem Umweg lässt sich also ein Sinn finden.

Das soll nun aber nicht heißen, dass wir jeden Umweg gehen müssten. Es gibt direkte Wege zur inneren Erfüllung und Sinnhaftigkeit und solche, die nur oberflächliches und kurzfristiges Glück verheißen. Psychologische Forschungen zum Thema Lebenssinn haben gezeigt[4], dass subjektives Sinnerleben hauptsächlich in vier verschiedenen Lebensbereichen erfahren wird:

> *Im Dienst an einer Sache oder in der Liebe zu einer Person erfüllt der Mensch sich selbst. Je mehr er aufgeht in seiner Aufgabe, je mehr er hingegeben ist an seinen Partner, umso mehr ist der Mensch, umso mehr wird er er selbst. Sich selbst verwirklichen kann er also eigentlich nur in dem Maße, in dem er sich selbst vergisst.*
>
> VIKTOR FRANKL

1. Leistung, Arbeit, Ziele und Werte: Wir spüren einen Sinn im Leben, wenn wir uns für unsere eigene, als wertvoll empfundene Arbeit verantwortlich einsetzen, wobei wir diese im besten Fall als Berufung empfinden. Auch wenn wir unsere eigenen herausfordernden Ziele und Werte verfolgen und diese erreichen beziehungsweise ihnen entsprechen, und wenn wir etwas von Wert für andere Menschen schaffen, das den eigenen Tod überdauert, erfüllt uns das mit einem Gefühl der Sinnhaftigkeit. Dabei können Tragödien durch die innere Haltung durchaus umgedeutet und als sinnvoll erfahren werden.

2. Beziehung, Nähe und Freude: Gute und intime Beziehungen mit anderen Menschen zu erleben, ihnen zu vertrauen und sich altruistisch zu verhalten, erfüllt uns mit Sinn. Gegenseitige Achtung, Fairness und Respekt spielen dabei eine große Rolle. Auch eine Beziehung zur Natur ist wesentlich, ebenso wie die Erfahrung der Schönheit der Welt.

3. Religion und Spiritualität: Eine persönliche Beziehung mit der eigenen Seele, mit Gott oder etwas anderem Höherem zu erleben ist ganz klar etwas, das uns einen Sinn im Leben spüren lassen kann. Auch der Glaube an ein Leben nach dem Tod und ein eigener Beitrag zu einer Glaubensgemeinschaft spielen hier eine große Rolle.

4. Selbstakzeptanz: Zentral, um sich einem Sinnerleben zu nähern, ist nicht zuletzt ein Gefühl der Selbstakzeptanz, der Zufriedenheit mit sich selbst. Dies ist eine Voraussetzung, damit wir in den anderen genannten Bereichen tiefen Sinn erfahren können.

In der Psychologie spielt die Erfahrung der Seele in der Regel keine übergeordnete Rolle, doch wenn man den Sinn als Seelennahrung begreift, bedarf es auch dieser Ebene der Betrachtung.

Was verbinden Sie also mit dem, was Sie als Ihre Seele bezeichnen? Was nährt Ihre Seele?

Aussagen, die in diesem Kontext besonders interessant sind, kommen beispielsweise von Menschen, die von sich behaupten, die Grenze zum Tod bereits einmal überschritten zu haben. Diese Menschen beschreiben häufig, dass die Liebe diejenige Qualität und Erfahrung sei, die aus jenseitiger Sicht den wirklich bleibenden Wert darstellt. Diese Aussage steht nicht im Gegensatz zu den Erkenntnissen der psychologischen Forschung, vielmehr könnte man sagen, dass sie diese in einem wichtigen Punkt zusammenführt:

Unsere Liebe zum Leben, zu anderen Menschen, zu Tieren, der Natur, der Erde, zu einer Aufgabe oder Tätigkeit, zu uns selbst, zu Gott – all dies sind Aspekte, die zu einem Gefühl von Sinn führen. Alles, was unser Herz berührt und singen lässt, nährt unsere Seele, bringt sie zum Klingen.

> *Es ist kein Anzeichen von seelischer Gesundheit, sich an eine zutiefst gestörte Gesellschaft anpassen zu können.*
> KRISHNAMURTI

Im Laufe unseres Lebens lernen wir immer deutlicher wahrzunehmen, was unserem Leben Sinn verleiht. Je größer unser Zugang zu unserer tiefen Menschlichkeit und je intensiver unsere Rückverbindung zu den seelisch-göttlichen Aspekten in uns ist, desto intensiver können wir Sinn erfahren. Und desto eher lassen wir von Dingen, Menschen und Tätigkeiten ab, bei oder mit denen wir nur eine oberflächliche Erfüllung erleben.

Was uns vom Sinnvollen ablenkt

Viele oder vielleicht die meisten Menschen folgen bei der Frage, wie sie zu leben haben oder was sie glücklich macht, nicht der Stimme ihrer eigenen tiefsten Essenz und Zielorientierung, sondern den vielfältigen Ideen, Konzepten und Vorstellungen der Gesellschaft, in der sie leben.

Wir haben in unserer Gesellschaft mehr als genug Lebens*mittel*. Woran es den meisten von uns mangelt, ist ein Lebens*zweck*. Die Gründe liegen unter anderem in den vielfältigen Ablenkungen und Verführungen, denen wir täglich ausgesetzt sind. sei es beispielsweise durch die Medien, die Werbung oder einfach durch unsere Mitmenschen. Ein falsches kollektives Bild von unserem Lebenszweck erschwert die Rückverbindung mit dem Sinn zusätzlich. Man könnte sagen:

> *Um ein tadelloses Mitglied einer Schafherde sein zu können, muss man vor allem ein Schaf sein.*
> ALBERT EINSTEIN

INSPIRATION 19:
Unsere Gesellschaft hat kollektiv betrachtet ihren Sinn verloren. Wir haben vergessen, warum wir hier sind.

Daher besteht für uns alle die Gefahr, diesem Kollektiv in seine Sinnlosigkeit zu folgen. Und es ist oft gar nicht einfach zu bemerken, wo und wie wir verführt werden. Das, was wir zu wollen glauben, ist oft einzig und allein ein Resultat der äußeren Einflüsse, die unseren eigenen tiefsten Willen allzu oft verbiegen, verfälschen oder beugen. Hier einige Beispiele für solche äußeren Einflüsse:

➤ die Moralvorstellungen und Werte unserer Eltern, die unserem Weltbild in den meisten Fällen seine grundlegende Struktur gegeben haben,

➤ unser Bildungssystem mit seiner Orientierung an vorgegebenen, fremdbestimmten und einheitlichen Standards und Leistungsnormen,

➤ die sozialen Kulturen und Gruppierungen (inklusive unserer Arbeitsumgebung), in denen wir uns bewegen – oftmals mit einem jeweils spezifischen Wertegerüst, Regeln, Weltbildern und Verhaltensnormen,

➤ unsere sogenannte »Peer Group« (unser direkter Freundeskreis) und das, was in dieser Gruppe gerade angesagt ist,

➤ religiöse und spirituelle Wertvorstellungen,

➤ die Werbung mit ihren Weapons of Mass Distraction (frei übersetzt: Massenverwirrungswaffen),

➤ sonstige Medien (Zeitungen, Bücher, Filme, Computerspiele), die oft einen starken Einfluss auf unsere Sichtweise sowie den Kontext und die Bestimmung unserer Werte und Ziele haben, ein Wirtschaftssystem, das uns allzu oft dazu verleitet, Dinge aus wirtschaftlichen Überlegungen zu tun, die wir aber weder als erfüllend noch als dienlich für uns oder die Welt betrachten,[5]

➤ eine globale Lage, die auch aufgrund verschiedener Strukturen unserer Medienlandschaft ein kollektives Angstklima
schafft, dem sich viele Menschen nicht entziehen können.
Dies verleitet sie, ihre eigene Wahrhaftigkeit zu negieren
und stattdessen ein zunehmend von Ängsten und Sorgen
geprägtes Leben zu leben.

Wir haben aus all diesen Bereichen Glaubenssätze, Perspektiven
und Erklärungsmodelle übernommen und verinnerlicht. Zumeist benötigen wir gar keine externen Botschaften mehr, um
entsprechend dieser Vorgaben zu
leben. Das erledigt eine innere Instanz in uns irgendwann ganz von
allein, und sie hat auch alle rationalen Argumente hierfür parat.

> *Man selbst zu sein in
> einer Welt, die fort-
> während versucht, dich
> zu jemand anderem zu
> machen, ist die größte
> Errungenschaft.*
> RALPH WALDO EMERSON

Um unser *Element* wiederzu-
finden, gilt es, uns nach und nach
von allen externen Beeinflussun-
gen unabhängig zu machen, die
nicht unserer ureigenen Wahrheit
entsprechen. Und gleichermaßen gilt es, die bereits verinnerlichten Scheinwahrheiten aufzudecken und sich dem zu stellen,
was wir in unserer Tiefe wirklich ersehnen.

Wären wir mit allen unseren natürlich angelegten Begabungen, Vorlieben und Einstellungen (also mit der »Ausstattung«,
die wir in dieses Leben mitgebracht haben) in einem anderen
Land, einer anderen Familie und vielleicht sogar in einem anderen Zeitalter geboren – was hätte dies wohl für einen Einfluss auf
das, was wir als das Wichtigste im Leben betrachten? Würde sich
unser tägliches Streben an den gleichen Werten orientieren?

In welche Richtung würde Sie Ihr innerstes Gespür für den Sinn in Ihrem Leben trotz der veränderten Umstände ziehen?

Das Gespür für das Sinnvolle vertiefen

Wenn wir wissen wollen, was unser ganz persönliches *Element* ist, helfen uns die sozio-kulturellen Vorstellungen unserer Umgebung nicht weiter. Ganz im Gegenteil. Diese können sehr hinderlich sein. Sie können uns daran hindern, zu uns selbst zu kommen, uns wahrhaft berühren zu lassen und in dieser Authentizität unsere Richtung, unsere Wahrhaftigkeit zu finden. Haben wir sie gefunden, besteht die Herausforderung darin, gegenüber allen äußeren Einflüssen (und deren verinnerlichten Ansichten) für sie einzustehen.

> *Mit wem du Zeit verbringst, der wirst du.*
> CHRISTIAN BISCHOFF

Wenn wir wissen wollen, wer wir sind und was wir tatsächlich wollen, ist es in den meisten Fällen notwendig, dass wir uns von den Vorstellungen unserer Familie, unseres Freundeskreises, unseres Arbeitsumfeldes, unser Kultur usw. abkoppeln und die tiefe Stimme in uns finden, die allein dazu in der Lage ist, uns zu sagen, was für uns von Bedeutung ist.

Was also sind für Sie die wirklich sinnvollen Dinge im Leben, was gibt gerade Ihrem Leben eine Bedeutung? Für die Beantwortung dieser Frage kann es hilfreich sein zu überlegen: Was würde ich auf meinem Sterbebett bereuen, wenn ich es nicht getan hätte? Es ist das, was Ihre Seele in der Tiefe nährt und erfüllt.

Wenn Sie eine Antwort gefunden haben, lautet die nächste

wichtige Frage: Inwieweit richte ich mein Leben danach aus? Und zwar trotz all der Anforderungen des Alltags …

Man kann lernen, die Stimme aus der eigenen Tiefe wahrzunehmen, die uns hilft, diese Fragen zielsicher zu beantworten. Einige Menschen erfahren diese Stimme als ein tiefes Gefühl von Stimmigkeit, anderen offenbart sie sich eher kognitiv, emotional oder intuitiv.

Den Prozess dieser Sinnsuche bezeichne ich gerne als Soul-Searching, denn wir suchen dabei einen möglichst reinen Zugang zu den Bedürfnissen unserer Seele und zur tiefsten Essenz. Es ist daher wichtig, uns bei unserer Sinnsuche Folgendes bewusst zu machen:

INSPIRATION 20:

Das, was wir als sinnvoll erachten, ist abhängig von dem Bewusstseinszustand, in dem wir uns befinden.
Je tiefer unser aktueller Bewusstseinszustand ist, desto substanzieller fällt auch die Antwort auf die Frage nach dem Sinn aus.

Wir sollten die Frage nach unserem Lebenssinn also nicht in Augenblicken zu beantworten versuchen, in denen wir gestresst, ängstlich, abgelenkt, verwirrt, gierig oder auf andere Art getrieben sind.

Von vielen Indianerstämmen ist bekannt, dass sich deren Angehörige in ritueller, meditativer oder asketischer Form auf sogenannte Visionssuche begaben oder noch begeben, um für sich Richtungsentscheidungen im Leben zu klären. Diese Visionssuche erfolgte entweder allein oder unter Anleitung durch eine/-n Älteren des Stammes oder eine/-n Medizinmann/-frau. Wir können uns daran ein Beispiel nehmen:

INSPIRATION 21:
Die Frage nach unserem Lebenssinn beantworten wir am besten, wenn wir uns hierfür eine Auszeit nehmen, in der wir uns gezielt in geklärte und offene Bewusstseinszustände begeben, zu denen wir in unserem Alltag normalerweise keinen Zugang haben.

Verbunden mit der Frage nach unserem Lebenssinn ist auch die Frage nach dem Erfolg im Leben. Erfolg bedeutet dann, dem Sinn, den wir gefunden haben, gemäß zu leben. Es kann gut sein, dass sich unser herkömmliches Verständnis von Erfolg in diesem Prozess verändert, insbesondere, wenn dieser den herkömmlichen Vorstellungen von Erfüllung nicht entspricht. Die Definition dessen, was persönlicher Erfolg bedeutet, ist nämlich genauso breit gefächert wie die Bandbreite an Möglichkeiten, was Lebenssinn bedeutet. Denken wir an Albert Einstein, Bill Gates, Mutter Teresa oder Muhammad Ali – zu fragen, wer von diesen vieren am erfolgreichsten war, wäre natürlich absurd. Und so können Sie die Antwort auf die Frage, was Ihr Leben erfolgreich macht, auch nur selbst finden.

> *Wenn deine Definition von Erfolg wenig oder keine Liebe umfasst, finde dir eine neue Definition.*
> ROBERT HOLDEN

Welchen Stellenwert haben äußere Werte wie Geld, Karriere und ein bestimmter Lebensstil für Sie? Wie wichtig sind für Sie Werte wie Familie, Stellung in der Gesellschaft, Freundschaft und Liebe?

Und welche inneren Ziele – etwa Selbstverwirklichung, Erfüllung finden, das Gefühl, etwas zu bewirken, andere unterstützen, einem höheren Zweck dienen, Mitgefühl, Liebe und Selbstliebe, das Göttliche finden und diesem dienen – möchten Sie anstreben, damit aus Ihrer ganz persönlichen Sicht Ihr Leben sinnvoll verläuft?

Nur Sie können die Gewichtung dieser Werte für Ihr Leben herausfinden. Indem Sie für sich definieren, was Erfolg bedeutet, tun Sie jedoch noch viel mehr, als sich nur ein langfristiges (Lebens-)Ziel zu setzen:

INSPIRATION 22:
Indem Sie definieren, was Erfolg für Sie bedeutet, legen Sie fest, zu welcher Art Mensch Sie sich entwickeln möchten.

Geben Sie sich bei der Ausrichtung auf Ihren Erfolg nie mit Geringem zufrieden! Das, wonach Sie sich zutiefst sehnen, kann Realität werden, mag es auch noch so weit entfernt erscheinen!

Die Geschichte des eigenen Lebens finden

Mahatma Gandhi wurde einmal gefragt,
was seine Botschaft an die Welt sei.
Er antwortete: »Mein Leben ist meine
Botschaft.«

Wir können uns unserem Lebenssinn auch über eine andere Betrachtungsweise nähern. Und zwar, indem wir unser Leben als eine Geschichte ansehen. Dann können wir mit etwas Abstand beobachten, welche Geschichte durch unser Leben erzählt wurde und noch erzählt werden soll.

Die Geschichte unseres Lebens ist eine Erzählung mit Hoch- und Tiefpunkten, Erfolgen und Misserfolgen, Schicksalsschlägen und glücklichen Fügungen, Leid und Lebensfreude, mit Spannungsbogen und einer Heldin oder einem Helden als Hauptdarsteller. Die eigentlichen Inhalte jedoch definieren Sie zum großen Teil selbst.

Welche Geschichte erzählt Ihr Leben? Oder anders gefragt: Wie lautet die Botschaft Ihres Lebens?

Diese Frage kann in vielen Fällen nur rückblickend beantwortet werden. Aber es kann dennoch sein, dass Sie einen Geschmack, einen kurzen Einblick, ein inneres Wissen oder einen Hinweis im Innen oder Außen erhalten, wohin Ihre Reise gehen soll.

Alle oben erwähnten Einflüsse (Eltern, Schule, Gesellschaft etc.) versuchen unsere Geschichte zu beeinflussen, indem sie uns erzählen, was bedeutungsvoll ist oder zu sein hat. Die Eltern erträumen sich vielleicht eine Lebensgeschichte für uns, in der Erfolg und Familie eine wichtige Rolle spielen. Im Freundeskreis sind beispielsweise Statussymbole (auch diese sind eine Art von subtiler Geschichtenerzählung) wichtig, die kommunizieren, dass wir »hip« sind. Bei der Arbeit versuchen wir zwischen den Zeilen zu erzählen, dass wir zuverlässig oder erfolgreich sind. Die Werbung flüstert uns über unzählige bewusste und unbewusste Kanäle etwas über den Wert von äußerer Perfektion und Erfolg ins Ohr, während Bücher, Filme und Computerspiele uns diverse Geschichten anbieten, die Welt zu interpretieren: beispielsweise als Welt voller Kriminalität, Beziehungsprobleme, Gewalt, Romantik oder Intrigen.

Viele dieser Geschichten beinhalten spezifische Vorstellungen davon, wie wir unser Glück finden können. Sie suggerieren uns, dass es reicht, die Ideale der Eltern zu leben, die Helden dieser oder jener Geschichte zu imitieren oder eine archetypische Rolle wie Mutter, Krieger, Lehrer oder gar weise Frau einzunehmen, damit wir uns erfüllt fühlen. Doch je mehr wir uns mit einer oder einigen dieser Rollen identifizieren, desto mehr vergessen wir, wer wir wirklich sind. Wir leben dann die Geschichte eines anderen oder versuchen, eine abstrakte Norm zu erfüllen. Was aber ist *Ihre* Geschichte? Was ist die Geschichte, die Ihr Leben erzählen kann, soll oder muss?

Und wie können Sie *Ihre* Geschichte finden, wenn die Welt Ihnen täglich so viele Fremdgeschichten präsentiert?

Keine Geschichte ist im eigentlichen Sinne wahr. Jede einzelne ist kreiert. Und dennoch kommen wir nicht umhin, eine Lebensgeschichte zu erzählen. Es gibt zwar Geschichten, die in großer Tiefe geboren wurden und uns damit bis zu einem gewissen Grad mit unserer Seelentiefe rückverbinden können. Hierzu gehören beispielsweise die meisten Mythen und Sagen.

Aber auch moderne Geschichten wie *Der Herr der Ringe* können einen Geschmack aus einer zeitlosen Dimension enthalten, die unsere Seele anders berühren und nähren können als eine Seifenoper oder ein *Tatort*.

Doch so oder so wird die Geschichte, die Ihr Leben erzählt, Sie tiefer führen als jeder Mythos. Denn sie verbindet Sie sowohl mit Ihrem Ursprung als auch mit Ihrer Bestimmung. Der Faden dieser Geschichte zieht sich durch Ihr gesamtes Leben.

Die Frage ist: Wie können Sie diesen Faden finden und aufnehmen? Es geht dabei darum, etwas zu leben, was nur Sie so leben können. Hier einige Möglichkeiten, wie Sie die Spur dieses Fadens aufnehmen können:

Eingebung / Inspiration / direktes Wissen empfangen

Wenn Sie Glück haben, bemerken Sie den Faden, indem Sie ein klares Wissen in sich spüren, das keinerlei rationale Begründung erfordert oder bietet. Sie *wissen* einfach! Es kann das Wissen sein, dass etwas in Ihrem Leben noch zu tun ist. Etwas, ohne das Ihr Leben nicht komplett wäre.

> *Jeder Mensch kommt mit einem speziellen Schicksal auf diese Welt. Er hat etwas zu vollbringen, eine Nachricht zu vermitteln, eine Arbeit fertigzustellen.*
> OSHO

→ Wenn Sie die Frage nach Ihrem Lebenssinn und dem Faden Ihrer Lebensgeschichte vertiefen möchten, bietet Übung 1 auf Seite 183 hierfür zahlreiche Anregungen. Es geht in der Übung darum, über bestimmte Fragen zu kontemplieren und dadurch Ihr tiefes Wissen anzuzapfen.

Mit Kontemplieren ist gemeint, dass Sie nicht versuchen sollten, diese Fragen rein intellektuell zu beantworten. Je mehr

Sie sich in Zustände fallen lassen, die tiefer als Ihr Alltags-Wachbewusstsein sind, je mehr Sie sich entspannen, nachfühlen, sich inspirieren lassen, Ihren (verrückten) Ideen folgen, sich berühren und begeistern lassen, träumen und sich nach etwas sehnen, umso leichter wird es Ihnen fallen, diesen Faden zu erkennen.

> *Intuition ist die Führung der Seele. Intuition entsteht natürlich im Menschen, wenn seine Gedanken ruhen.*
> PARAMAHANSA YOGANANDA

Es gibt darüber hinaus zahlreiche Techniken, die helfen können, ein solches direktes Wissen abzufragen. Beispiele solcher Techniken sind: *Automatisches Schreiben*, *Clustering* und verschiedene Trancetechniken wie *schamanische Reisen*, *Tempelschlaf* oder *Holotropes Atmen*. Kurze Internetrecherchen ergeben gute Erklärungen zu diesen Techniken.

Gefühle und Sehnsucht als Wegweiser

Für viele Menschen sind Gefühle und Sehnsüchte ein Kanal, über den sie Botschaften aus tieferen Schichten ihres Unterbewussten beziehungsweise ihrer Seele erhalten.

Führt uns unser Faden beispielsweise aktuell hin zu einer tieferen Auseinandersetzung mit uns selbst, wird in uns wahrscheinlich eine Sehnsucht entstehen, die uns nach innen zieht. Diese mag mit dem Gefühl einhergehen, eine Auszeit zu benötigen. Wird diese Sehnsucht nicht gehört, wird sie stärker und kann sich in Trauer, Unzufriedenheit, manchmal Wut wandeln. Werden auch diese Gefühle nicht gehört, kann es gut sein, dass wir in einer Depression, einem Burn-out oder einer tiefen Frustration landen. Diese sind Mittel unserer Seele, um uns wieder auf Kurs zu bringen – damit wir uns mit dem beschäftigen, was dem Faden unserer Geschichte entspricht.

Und wenn unsere Reise uns aktuell nach außen führen soll, ist es gut möglich, dass in uns eine gefühlte Dringlichkeit entsteht, bestimmte Dinge im Außen umzusetzen. Diese Dringlichkeit hat eine andere gefühlte Tiefe und Vehemenz als die Dringlichkeit unserer To-to-Listen. Wenn wir ihr folgen, wird die äußere Welt uns früher oder später passende Möglichkeiten bieten, die Ziele dieser Dringlichkeit umzusetzen.

Herausforderungen des Alltags, die uns führen

> *Probleme sind nur Gelegenheiten*
> *in Arbeitskleidung.*
> Henry J. Kaiser

Erwähnenswert ist, dass auch unsere normalen Alltagsprobleme und Herausforderungen die Funktion erfüllen können, uns auf den Faden unserer Lebensgeschichte zu stoßen. Jedes scheinbare Problem ist ein Geschenk, das uns das Leben bietet, um daran zu wachsen, indem wir neue Wege, Betrachtungsweisen und ein neues Bewusstsein finden, um ihm zu begegnen.

> *Auch aus Steinen,*
> *die dir in den Weg gelegt*
> *werden, kannst du etwas*
> *Schönes bauen.*
> ERICH KÄSTNER

Und jeder von uns hat es schon bemerkt: Solche Probleme hören nie auf. Haben wir eines gemeistert, steht schon die nächste Herausforderung vor der Tür – allerdings auf einer neuen Stufe unserer Fähigkeiten, auf der nächsten Stufe unseres Bewusstseins.

Viele dieser Herausforderungen sind Teil unseres persönlichen Schicksals, und sie verschwinden nicht, wenn wir sie ignorieren oder uns wegducken, anstatt uns dem Leben zu stellen. Wir nehmen die Botschaften dieser Alltagsprobleme oft nicht wahr, und manchmal schaffen wir es, uns über Jahre und Jahrzehnte mit bestimmten Umständen zu

> *Je mehr man zu ertragen vermag, umso mehr wird einem zu tragen gegeben.*
> HAZRAT INAYAT KHAN

arrangieren, obwohl wir an ihnen wachsen könnten, wenn wir ihnen bewusst begegneten.

Themen dieser Art gibt es in jedem Leben – vielleicht auf der Beziehungsebene, in Bezug auf unsere Gesundheit, weil wir unglücklich in unserem Beruf oder der Umsetzung unserer anderen Möglichkeiten sind, oder vielleicht beim Thema Geld oder im zwischenmenschlichen Bereich. Irgendwo bleibt oft etwas unerfüllt oder missachtet. Es sind Probleme, bei denen wir vielleicht irgendwann einmal frustriert aufgehört haben, nach Lösungen zu suchen. Machen Sie sich auf die Suche und fragen Sie sich:

Welche Herausforderungen des Alltags sind in meinem Leben unbewältigt? Wo spüre ich die Hand des Schicksals, die mich auffordert, mich dem Leben bewusst zu stellen?

Was geht Ihnen zu Herzen?
Sie können den Faden Ihrer Geschichte auch finden, indem Sie schauen, ob ein bestimmtes Leid oder Problem Ihnen ganz besonders auffällt und zu Herzen geht. Womöglich spüren Sie, wie die Welt förmlich nach jemandem schreit, der an dieser Stelle

eine neue Weltsicht, eine neue Lösung oder eine neue Herangehensweise an ein Problem oder Thema präsentiert und umsetzt. Es mag sein, dass Sie bezüglich dieser Sache einfach wissen: »Das geht doch besser!«

Vielleicht ist dieser Ruf der Welt nur von *Ihnen* zu hören – weil Sie die Einzige/der Einzige sind, die/der hier eine bestimmte Kombination von Fähigkeiten zu bieten hat. Oder vielleicht wird Ihre Perspektive auch als wichtiger Teil eines Teams benötigt.

Die Geschichten, in denen wir leben, haben, wie oben beschrieben, eine persönliche Dimension. Aber auch als Gesellschaft leben wir in bestimmten Geschichten, die unsere kollektiven Werte und unsere Sinngebung prägen.

Bei der Suche danach, was Ihrem Leben Sinn verleiht, ist es wichtig, sich damit einmal grundlegend (und dann hin und wieder überprüfend) auseinanderzusetzen. Denn die Komplexität des Alltags verlockt uns regelmäßig, von unserer wahren Natur, Wahrhaftigkeit und Seelenerfüllung abzurücken. Daher ist es wichtig, dass wir für uns Routinen oder Praktiken finden, die uns helfen, uns immer wieder innerlich auszurichten. Meditations- und Kontemplationspraktiken sowie Gebete sind hierfür gute Methoden. Aber auch das Schreiben eines Tagebuchs, besinnliche Körperübungen, Spaziergänge oder andere persönliche Auszeiten können hierfür dienlich sein.

> *Gott ist eine einfache Essenz.*
> MEISTER ECKHART

Aber nicht nur die große Sicht auf unser Leben ist empfehlenswert, sondern es geht auch darum, zu erkennen, dass wir Sinn oftmals in den einfachsten Dingen des Lebens erleben können: in einem Morgenspaziergang, einem tiefen Gespräch, dem Zubereiten einer Mahlzeit, unserem Atem.

Der Weg, der uns aus der Trance der Gesellschaft befreien kann, ist der Weg hin zur Einfachheit.

Um den Lebenssinn zu finden, gibt es darüber hinaus einige psychologische Testverfahren, von denen die jeweiligen Begründer oder Coaches behaupten, dass sie den Lebenssinn ermitteln können. Hierzu gehören unter anderem einige Methoden, die sich mit dem jeweiligen *Grundmotiv* des Menschen beschäftigen. Am bekanntesten ist das sogenannte *Reiss-Profil*, das ausgehend von 128 Fragen unsere individuellen Ausprägungen von 16 Grundmotiven ermittelt. Zur Selbsterforschung der eigenen Motive und Bedürfnisse ist dieses durchaus geeignet. Dies kann jedoch nur eine Vorstufe zur Erkenntnis des eigenen Gefühls für Sinn und zum Verständnis unserer Lebensgeschichte sein.

Wichtig bei unserer Suche nach Sinn ist die Erkenntnis, dass wir Sinn niemals allein im Außen oder allein im Innen finden. Das Gefühl, einen Sinn im Leben zu haben und ihm gemäß zu leben, ergibt sich in uns, wenn wir im Einklang mit unserer Seele sind – durch den Ausdruck des Formlosen in der Form, der Stille im Lebensklang. Denn am Ende bleiben von unserer Lebensreise nicht der Inhalt oder die Form, die wir für unsere Lebensgeschichte gefunden haben. Diese sind vergänglich und werden vergessen werden. Bleiben wird der wahre Schatz, den wir durch ein erfülltes Leben erhalten; er ist eine Prägung, ein

Hauch, ein Duft, der in unserem Innersten durch diese Reise entstehen kann. Etwas in unserer Seele und unserem Wesenskern kann durch unser Leben weiter kristallisieren, reifen und wachsen. Etwas tief in unserem Inneren wird rund und gut und satt – vielleicht trotz oder wegen unserer Misserfolge, Schmerzen und unseres Bemühens.

Ton knetend, formt man Gefäße.
Doch erst ihr Hohlraum, das Nichts, ermöglicht die Füllung.
Aus Mauern, durchbrochen von Türen und Fenstern,
baut man ein Haus.
Doch erst sein Leerraum, das Nichts, gibt ihm den Wert.
Das Sichtbare, das Seiende, gibt dem Werk die Form.
Das Unsichtbare, das Nichts, gibt ihm Wesen und Sinn.

LAOTSE

Worin sind Sie von Natur aus wirklich gut?

Jeder Mensch hat seine eigene Berufung.
Das Talent ist der Ruf. Es gibt eine
Richtung, in der ihm alles offensteht.
Er hat Fähigkeiten, die ihn still einladen,
weiterzugehen, zu endloser Ausübung.
Ralph Waldo Emerson

Die meisten Menschen haben begrenzende Vorstellungen in Bezug auf ihr wahres Potenzial. Dies liegt einerseits daran, dass sie ihre bereits vorhandenen Fähigkeiten unterschätzen oder verkennen, und andererseits erscheint es ihnen aus verschiedenen Gründen oft einfacher, durchschnittlich zu bleiben – sogar dort, wo sie die Fähigkeiten hätten, genial zu sein.

INSPIRATION 23:
Die individuelle Kombination und Ausformung unserer
Begabungen ist so einmalig wie unser Fingerabdruck oder
unser genetischer Code.

Sie sind einmalig. Ihr Talentprofil ist einmalig. Finden Sie heraus, welche einmalige Kombination von Begabungen Sie besitzen, und entscheiden Sie sich, diese konsequent zu leben, zu trainieren, zu vertiefen und aktiv einzusetzen. Dann wird Ihr Leben erfüllt sein auf eine zuvor nicht gekannte Weise, denn Sie erfüllen, was Sie im Leben zu tun haben!

> *Der Mensch hat keinen Rivalen. Denn je wahrhaftiger er sich auf seine eigenen Stärken besinnt, desto stärker wird sich seine Arbeit von der Arbeit aller anderen abheben.*
>
> RALPH WALDO EMERSON

Zahlreiche Menschen finden nicht in ihr *Element,* weil sie ihre Begabungen nicht wirklich kennen. Tom Rath beschreibt unsere Begabungen und Talente als unsere dauerhaften, einzigartigen und nur begrenzt erlernbaren Gedanken-, Gefühls- und Verhaltensmuster, die uns ein natürliches Gespür und Verständnis für den Kern eines jeweiligen Themas verschaffen. Wenn wir beispielsweise ein Talent für künstlerisches Malen haben, so können wir Letzteres besonders schnell und gut erlernen, weil wir spezifische Formen des Denkens, Fühlens und Verhaltens besitzen, die uns einen besonderen Zugang zum Malen ermöglichen. Das führt auch zu der folgenden Erkenntnis:

INSPIRATION 24:
Wenn Menschen sich verändern wollen, liegt ein enormes Potenzial für Wachstum, Erfolg und tiefer Erfüllung in der Kenntnis und dem bewussten Einsatz ihrer Talente.

Wenn wir unsere Begabungen nicht nutzen, vergeuden wir viel.
Unter anderem:

➤ Zeit: Stärken in Bereichen entwickeln zu wollen, in denen
   wir keine Begabung haben, ist mühselig.
➤ Potenzial: Wirkliche Höchstleistungen erzielen wir nur in
   Bereichen, für die wir ein natürliches Gespür besitzen.
➤ Geld: Wohlstand folgt zumeist aus den beiden vorangegan-
   genen Punkten.
➤ Oftmals Lust, Energie und Lebenssinn.

Ein Schlüssel zur menschlichen Entwicklung und Transformation liegt darin, dass wir unsere Begabungen ausbauen – also
das, was uns auf natürliche Weise
zufällt.

Die Kunst besteht darin, unsere Stärken zu verstärken und
unsere Schwächen so zu mana-
gen, dass sie uns nicht im Wege
stehen.

Letzteres kann beispielsweise
durch eine klare Strategie für den
Umgang mit unseren Schwächen gelingen. Einige solcher Strategien sind:

> *Jeder Mensch hat diesen
> Ruf der Kraft, etwas
> Einzigartiges zu tun.
> Und kein Mensch hat
> einen anderen Ruf.*
> RALPH WALDO EMERSON

➤ Wir erwerben ein Mindestniveau an Kompetenz, auch in
   Bereichen, die uns nicht liegen.
➤ Wir delegieren geschickt oder vergeben Aufgaben an Dienst-
   leister und Lieferanten (dies geht auch als Einzelunterneh-
   mer/-in oder im Haushalt).
➤ Wir gehen Partnerschaften ein, in denen unsere Schwächen
   ausgeglichen werden.

➤ Wir entwickeln ein Hilfssystem, das uns von den zu lösenden Aufgaben weitestgehend freihält. Ordnung kann beispielsweise durch bessere Ablagesysteme hergestellt werden. Viele allgemeine Computertätigkeiten lassen sich online automatisieren.

➤ Einige Tätigkeiten können wir bewusst ablehnen. Beispielsweise betrifft dies viele an uns gestellte Erwartungen im zwischenmenschlichen und gesellschaftlichen Bereich. Vielleicht sind Sie ein besonders schlechter Redner, Gastgeber oder Kommunikator. Anstatt sich damit abzumühen, gestehen Sie sich selbst und Ihrer Umwelt Ihre Schwäche offen ein, und vieles, was von Ihnen normalerweise erwartet würde, darf wegfallen, wenn Sie dies klar kommunizieren und dabei authentisch und offen für alternative Lösungswege sind.

Bei der Erforschung unserer Begabungen (und der Wahrnehmung unserer Schwächen) geht es ebenfalls um Selbsterkenntnis. Es geht darum, zu erkennen, was uns einzigartig in Bezug auf unser Entwicklungspotenzial macht. Es geht um das Verständnis, was gerade uns und nur uns in die Wiege gelegt wurde.

Aus Begabungen Stärken und Fähigkeiten machen

Oftmals unterschätzen wir unser eigenes Entwicklungspotenzial. Die gezielte Förderung unserer Begabungen ist der direkteste Weg zur Ausschöpfung dieses Potenzials.

Wenn wir im Bereich unserer Begabungen Erfahrung und Wissen erwerben, können wir sie zu echten Stärken und Fähigkeiten ausbauen. Zur Umsetzung unseres Lebenssinns benötigen wir diese Stärken und Fähigkeiten. Sie sind oftmals die Voraussetzung dafür, dass wir beruflich und privat entsprechend unserer Begabungen tätig werden können.

Talente wollen genutzt werden, Stärken müssen genutzt werden – sonst verkümmern sie.

Wenn wir bei unserer Arbeit unsere Stärken regelmäßig einsetzen, können wir uns mit dem, was wir tun, erheblich stärker verbunden fühlen und uns viel besser mit unserer Arbeit identifizieren. Sind wir hingegen nicht in der Lage, unsere Stärken in unserem Job zu leben, neigen wir tendenziell dazu, innerlich zu kündigen. Manchmal liegt es nur an der richtigen Rolle oder Position, die wir einnehmen, oder an unserem Auftreten, ob unsere Begabungen und Stärken voll zum Einsatz kommen können. Denn Stärken im falschen beruflichen Umfeld können auch als Schwächen ausgelegt werden. Ein Beispiel: Wenn eine Sachbearbeiterin eigene Ideen anbringt, wie etwas verwirklicht werden kann, die Umsetzung dieser Ideen jedoch den Umbau ganzer Abteilungen nach sich ziehen würde, wird es für sie schwer sein, ihre Ideen und Kreativität mit ihrer Position und Funktion im Unternehmen zu vereinbaren. Wenn sie ihre Kreativität nicht ausgesprochen geschickt kommuniziert, wird sie von ihrem Vorgesetzten als belastend, anmaßend, abgehoben oder sogar einfältig wahrgenommen.

> *Zu sein, was wir sind, und zu werden, wozu wir fähig sind, das ist das größte Ziel unseres Lebens.*
> ROBERT LOUIS STEVENSON

Manchmal bedarf es daher zusätzlicher Stärken, damit wir unsere Hauptstärken leben können. Im obigen Beispiel braucht es beispielsweise die Fähigkeit, Ideen gut zu verkaufen, damit die eigentliche Stärke – die Kreativität – erfolgreich gelebt werden kann. Es geht dann also auch darum, Rollen und Wege für den Einsatz dieser Stärken zu finden.

Wenn wir im Bereich unserer Begabung wahrhafte Exzellenz erlangen wollen, ist es notwendig, durch gezielte Übung und viel Training, den Rohdiamanten, der uns mitgegeben wurde, zu schleifen. Unser Wille zur Einmaligkeit kann in diesem Prozess eine große Hilfe und ein Antrieb sein, um unsere naturgegebene Individualität zu leben und unser Potenzial zu entfalten.

Wie erkennen wir unsere Begabungen?

Wir erkennen unsere Begabungen unter anderem dadurch, dass wir in diesen Bereichen von Natur aus wissbegieriger, kreativer und belastbarer sind als in anderen Bereichen.

→ Wer sich mit seinen Begabungen beschäftigen möchte, findet in Übung 2 auf Seite 194 hierfür einige Fragen zur Kontemplation. Darüber hinaus gibt es im Internet eine Reihe von Fragenkatalogen und Testverfahren, die helfen, die individuellen Begabungen zu erkennen. Besonders empfehlenswert ist der StrengthsFinder 2.0[6], der auf umfangreichen wissenschaftlichen Untersuchungen des Gallup-Instituts basiert.

Neben derartigen Begabungstests gibt es eine sehr naheliegende Methode, unsere Talente und Stärken zu erkennen. Sie ist in einigen Aspekten vielleicht sogar effektiver als die wissenschaftlich basierten: Wir können einfach andere Menschen bitten, aufzuzählen, was sie für unsere Talente und Stärken halten. Familienmitglieder, Freunde, Bekannte, Arbeitskollegen und auch Menschen, die wir erst vor Kurzem kennengelernt haben – alle diese Personen erfahren uns in anderen Kontexten und aus anderen Blickwinkeln. Es kann sehr interessant sein zu erfahren, welches bisher unerkannte Potenzial in Ihnen vielleicht schon lange von den Menschen um Sie herum gesehen wird, ohne dass Sie hiervon eine Ahnung hatten.

In meinen Seminaren stelle ich immer wieder fest, wie aufschlussreich die Beobachtungen und Einschätzungen von Menschen sind, mit denen wir bisher nur ganz wenig Austausch hatten. Vielleicht ist es gerade auch der unvoreingenommene Blick, der bestimmte Qualitäten von uns erkennbar macht.

Fähigkeiten, die uns in die Wiege gelegt wurden, erscheinen uns häufig als banal, weil selbstverständlich. Oft braucht es den Blick von außen, um die Einmaligkeit bestimmter Fähigkeiten zu erkennen. Wenn wir aus verschiedenen Mündern ein ähnliches Feedback erhalten, kann dies eine Unterstützung sein, unsere Begabungen tatsächlich als solche zu akzeptieren und wertzuschätzen.

→ Übung 3 auf Seite 199 bietet Ihnen einen Fragebogen an, mit dessen Hilfe Sie Feedback von den Menschen in Ihrem Umfeld einholen können. Eine gegenseitige Befragung kann sinnvoll sein, wenn eine Offenheit beim Gegenüber besteht. Erfahrungsgemäß reagieren viele Menschen erstaunlich ehrlich, wenn die Bitte um Feedback mit der entsprechenden Aufrichtigkeit an sie herangetragen wird. Es ist durchaus möglich, dass durch eine solche Befragung kurz- oder langfristig eine Vertiefung der Beziehung und eine bessere gegenseitige Wahrnehmung angestoßen werden.

Wissenschaftlich fundierte Tests und das subjektive Feedback der Menschen aus unserem Umfeld bieten zwei wichtige Möglichkeiten, um unsere Begabungen und Fähigkeiten zu erfassen. Wir sind darüber hinaus natürlich frei, auch ganz andere Quellen für das Erkennen unserer »Geburtsgeschenke« heranzuziehen.

So sind beispielsweise einige Richtungen der Astrologie gezielt darauf ausgelegt, dieses Selbstverständnis zu erzielen. Durch die Beschäftigung mit dem eigenen Geburtshoroskop lassen sich oftmals zahlreiche Erkenntnisse und Einsichten gewinnen, was die eigene Struktur betrifft. Ohne andere astrologische Richtungen als weniger aufschlussreich darstellen zu wollen, seien hier die Geburtshoroskope der sogenannten Münchner Rhythmenlehre empfohlen, die oft vielschichtige und sehr tief gehende Sichtweisen auf die eigenen Ausprägungen auch in Bezug auf unsere Begabungen bieten.

Es gibt darüber hinaus weitere Ansätze, die auf der Astrologie basieren und diese mit anderem traditionellen Wissen verbinden. Nennenswert ist hier beispielsweise das Human Design System[7], das auch Weisheiten des chinesischen I Ging und des ostasiatischen Chakra-Energiesystems in die Analyse mit einbezieht. Das Human Design System bietet wiederum einen völlig andersartigen Blickwinkel auf die Ausgestaltung unserer individuellen Ausprägungen, Begabungen und Fähigkeiten. Mithilfe dieses Systems können wir lernen, wie wir mit unserer Begeisterung und Lebensenergie sorgsam umgehen, damit diese nicht vergeudet oder in selbstausbeuterischer Weise fehlgelenkt werden. Es gibt noch diverse andere Tests und Typen-Systeme, die uns helfen, unsere eigenen Begabungen und Strukturen zu verstehen. Psychologische Persönlichkeitstests[8] können genauso hilfreich sein wie eher spirituell/seelisch orientierte Typenkategorisierungen wie beispielsweise das Enneagramm.[9] Dies ist ein weites Feld, und es soll hier erwähnt sein, um zum kreativen Forschen einzuladen. Denn mittels dieser Tests erhalten wir neben Informationen über unsere Begabungen oft auch Hinweise, was unser Wesen und unsere Einstellung der Welt und anderen Menschen gegenüber betrifft.

Wie ich mein Element fand

Als ich selbst versuchte, Karriere zu machen, ging ich dabei genau in die falsche Richtung. In meinen ersten Berufsjahren war ich begeistert von meinen neuen unterschiedlichen Rollen. Ich versuchte mich als Gründerin, Unternehmerin und als Unternehmensberaterin. Und obwohl ich diese Rollen teilweise gut ausüben und ausfüllen konnte, fehlte irgendetwas. Sosehr ich mich auch bemühte, konnte ich die Begeisterung für meinen Job niemals über lange Zeit hinweg aufrechterhalten. Und wenn ich es dennoch versuchte, kam ich immer häufiger an den Punkt von totaler Erschöpfung. Etwas in mir brannte regelmäßig aus, wenn ich mich bemühte, über einen langen Zeitraum Dinge zu tun, die mich nicht aus sich selbst heraus erfüllten.

Nach einigen gescheiterten Versuchen nahm ich noch einen letzten Anlauf, um Erfüllung in einem Job zu erleben, indem ich das Angebot annahm, die Position des deutschen Vorstands einer Nicht-Regierungsorganisation unter der Schirmherrschaft der Vereinten Nationen zu bekleiden. Hier würde ich gleichzeitig wirtschaftlich erfolgreich sein und dabei im altruistischen Sinne »etwas Gutes tun« können, so hoffte ich. Vielleicht würde ich endlich irgendwo ankommen, wenn ich im

Auftrag der UN – sozusagen im Auftrag der Menschheit – tätig würde!

Ich fand heraus: Ein UN-Logo auf der Visitenkarte öffnet zahlreiche Türen – aber nicht jene zur eigenen Seele, ins eigene Herz und für mich auch nicht jene zu einem Gefühl innerer Zielerreichung.

Schnell war ich vor eine ähnliche Situation gestellt wie in den vorherigen beruflichen Tätigkeiten. Das Problem war, dass ich keinerlei direkte Energie und »Seelennahrung« aus meinem Tun schöpfte, sondern nur von den Visionen und Ideen begeistert war, die ich in die Welt bringen wollte. Diese erschienen mir vom Verstand her ehrenwert, sinnvoll, relevant und erstrebenswert, doch für einen tiefer liegenden Teil meiner selbst waren sie es nicht. Daher versiegte das Feuer meiner Begeisterung nach und nach, und ich fühlte mich abermals ausgelaugt, leer und kraftlos. Mein Energieniveau sank kontinuierlich, und meine Arbeitseffizienz ließ nach.

So kam irgendwann der Zeitpunkt, an welchem sich die gefühlte Sinnlosigkeit all meiner beruflichen Tätigkeiten immer mehr in mein Bewusstsein schob. Ich musste mir eingestehen, dass ich mit meinen gesamten beruflichen Bestrebungen gescheitert war und es so nicht weiterging. Die eigentliche tiefe Sehnsucht meiner Seele hatte ich in den vergangenen Jahren nicht gelebt. Ich war am Boden zerstört und gab meine Positionen und Aufgaben, so schnell ich konnte, ab. Ein kompletter Neuentwurf meines Lebens musste her!

Es fügten sich dann verschiedene Ereignisse nacheinander zusammen, die mein Leben in eine unerwartete Richtung wendeten: Zunächst wurde ich sehr krank, was mich körperlich und psychisch an den Rand meiner Belastbarkeit brachte. Wenig später erhielt ich von meinem späteren spirituellen Lehrer eine Einladung zu einem Retreat im Westen der USA. Dort lernte ich eine bestimmte Form der Herzens-Meditation kennen, die mich bereits nach zwei Wochen Praxis in Zustände großer geistiger Klarheit, Begeisterung und tiefer Liebe versetzte.

Zu jenem Zeitpunkt hatte ich jegliche Form der spirituellen Bewusstseinsschulung eigentlich aufgegeben. Früher in meinem Leben hatte ich mich mehr als ein Jahrzehnt lang intensiv mit Meditation und Spiritualität beschäftigt, hatte verschiedene, zum Teil sehr intensive und langwierige, psychologische und spirituelle Schulungen durchlaufen, um in eine geistige Klarheit und innere Mitte zu kommen. Doch trotz großer Bemühungen hatte dies aus meiner Sicht keine nachhaltige Wirkung und keinen Erfolg gehabt. Daher hatte ich sämtliche Bemühungen in diese Richtung bereits drei Jahre zuvor resigniert abgebrochen. Ich war für derlei Dinge einfach nicht geschaffen – so dachte ich zu jener Zeit.

Doch nun war da diese neue Art der Meditation. Und ich brauchte mich nur hinzusetzen und gelangte von einem beglückenden Zustand voller Liebe zum nächsten. Tiefer und tiefer konnte ich mich in diesen Zustand fallen lassen, und wenn ich aus der Meditation zurückkehrte, sprühte ich nur so vor Energie und Liebe. Was konnte es Schöneres geben?

Wenn ich meditierte, war ich ganz in meinem *Element*. Während ich bei allen vorherigen Anläufen immer große Disziplin hatte aufbringen müssen, um auch nur vorübergehende Effekte zu erfahren, war nun alles anders. Ich wurde förmlich eingesogen in tiefe Zustände in meinem Herzen. Die Zeit verflog im Nu, und ich hatte das Gefühl, genau das zu tun, was aktuell zu tun war. Auch im äußeren Leben fügten sich die Dinge so, dass ich mit wenig Arbeitsaufwand leben und mich ganz nach innen wenden konnte.

Noch nie war ich von etwas so fasziniert gewesen. Jeden Tag verbrachte ich viele Stunden in tiefer Meditation, was meinem Leben nicht nur eine völlige Neuausrichtung gab, sondern mich auch aus tiefstem Inneren erfüllte und inspirierte. Wenn ich nicht meditierte, las ich zumeist Bücher oder hörte Vorträge, die mir das theoretische Fundament und Erklärungsmodelle für meine inneren Erfahrungen lieferten. Die Begeisterung über die Schätze, die ich im Innen finden konnte, hatte mich gepackt.

Es hatte »klick« gemacht, und ich lebte mein *Element* voller Inbrunst!

Was ist Ihre Passion?

Frage dich nicht, was das Universum
benötigt;
frage dich, was dich lebendig macht.
Und dann geh und tue genau dies.
Denn was die Welt benötigt, sind
Menschen, die lebendig geworden sind.
Howard Thurman

Unsere Talente sind notwendig, wenn wir in unser *Element* kommen wollen. Aber sie sind letztlich nicht der ausschlaggebende Faktor, ob wir unser *Element* finden und unser Potenzial ausschöpfen. Denn:

INSPIRATION 25:
Egal, was unsere Begabungen sind, die größte Ressource zur
Erreichung unserer Ziele ist unsere Begeisterung. Begeisterung
macht den Unterschied – immer!

Es gibt sehr viele extrem talentierte Menschen. Und jeder von uns ist auf seine eigene Art hoch individuell und spezifisch talentiert. Aber wie viele von uns nutzen ihre Begabungen, um regelmäßig in einem Zustand zu sein, der sie inspiriert, ihr Leben erfüllt, ihnen Kraft schenkt und das Gefühl gibt, eine tief sinnvolle Tätigkeit zu verrichten?

> *Wenn wir wirklich lebendig sind, ist alles, was wir tun oder spüren, ein Wunder.*
> THICH NHAT HANH

Diesen Zustand erreichen und halten wir nur, wenn wir wissen, wie wir eine Art Spezial-Treibstoff zur Aktivierung unserer spezifischen Begabungen einsetzen.

Der Treibstoff, der unsere Begabungen aktiviert und uns in neue Dimensionen unseres Schaffens katapultiert, heißt Begeisterung. Begeisterung ist Doping für Geist und Hirn.[10]

Begeisterung ist dabei zu verstehen als eine hochenergetische Leidenschaft, die mit unserer kindlichen Verspieltheit verbunden ist. Begeisterung ist eine tiefe persönliche Anziehung zu etwas, das uns große Freude und Erfüllung bereiten kann. Begeisterung ist das, was uns lebendig und wach macht und uns motiviert, in diesem Zustand zu verweilen.

> *Der Erfolgreiche lebt das Leben begeistert! Er ist ein echter Freund des Lebens. Und damit ist er auch sein eigener Freund.*
> VERA F. BIRKENBIHL

Es gibt Formen von Begeisterung, die uns nicht wahrhaft zu uns selbst führen: Begeisterung kann ausschließlich im Kopf stattfinden, so wie es mir in meiner

Arbeit ergangen war. Oder wir können uns von einer Gruppe (zum Beispiel Fußballfans, politischen oder religiösen Gruppierungen) mitreißen lassen und einer kollektiven Begeisterung verfallen.

Die Begeisterung, die uns in unser persönliches *Element* bringt, muss unser Herz berühren und erfüllen – dann sind wir nicht nur begeistert, sondern auch beseelt.

> *Du kannst nur wirklich genial werden in Tätigkeiten, die du liebst. Mache Geld nicht zu deinem Ziel. Verfolge stattdessen die Dinge, die du zu tun liebst. Und dann tue sie so gut, dass die Leute ihre Augen nicht von dir abwenden können.*
>
> MAYA ANGELOU

Diese Form der Begeisterung kann ein individueller Prozess sein, sie kann aber auch sehr bereichernd für unsere Beziehungen zu anderen Menschen sein, wenn sie etwa in sozialer Arbeit, Elternschaft oder Teamarbeit zum Ausdruck kommt.

Die Begeisterung, die Sie in Ihr *Element* führt, ist eine Form der Liebe. Sie ist die aktive Seite der Liebe, eine aktive Hingabe an Ihr Herz und das Leben.

Was auch immer Ihr Herz erfüllt, verbindet Sie mit Ihrer Seele und dem Grund, warum Sie hier sind. Es geht darum, sich von dieser Liebe mitnehmen zu lassen, sich berauschen zu lassen und ihr nicht im Wege zu stehen.

Begeisterung verschafft Ihnen das JA! zum Leben – und das JA! zu dem, was Sie gerade tun.

Bei einigen Menschen brennt dieses Feuer der Begeisterung weniger stürmisch als bei anderen. Es kann jedoch auch in einer ruhigen Form sehr förderlich für unser Leben sein. Wichtig ist, dass es konstant brennt und wir lernen, es in unserem Alltag zu pflegen und zu schüren, während es diesen selbst energetisiert und vitalisiert.

> *Nicht den Tod sollte man fürchten, sondern dass man nie beginnen wirdzu leben.*
>
> MAHATMA GANDHI

Unsere Vorstellungen davon, wie wir zu leben hätten, können dieser Begeisterung im Wege stehen – genauso wie unsere Faulheit, unsere Gewohnheiten oder verschiedene unserer Ängste und Zwänge. Eine weitere Falle besteht darin, dass wir auf bestimmte Resultate unseres Tuns hoffen: auf Beifallsbekundungen, auf wirtschaftlichen oder sonstigen Erfolg. In all diesen Fällen werden die festen Strukturen unserer Vorstellungs- und Gedankenwelt jedes Feuer einer Begeisterung immer wieder dimmen oder sogar ersticken.

INSPIRATION 26:

Begeisterung können wir am besten empfinden, wenn wir uns von allen sekundären Interessen frei machen und ganz in dem aufgehen, was wir tun.

Dann ist unser Geist befreit und kann dem Ziel der Begeisterung als Werkzeug dienlich zur Verfügung stehen, anstatt ihm im Wege zu stehen. Wir erhalten so Zugang zu unserer kindlichen Freude und Unvoreingenommenheit und können in unserem Tun erblühen.

Sich mit dem inneren Kind aussöhnen

INSPIRATION 27:

Erst wenn das Kind in uns lebendig wird und mitspielt,
können wir unser wahres Potenzial erreichen.

Jeder von uns hat verschiedene Persönlichkeitsaspekte. Einer davon repräsentiert unsere kindlichen Eigenschaften wie Lebendigkeit, Vorurteilslosigkeit, Lebensfreude, Weichheit, Unschuld, Staunen, Wundern, Leidenschaft, Verspieltheit, Neugier, Spontaneität, Sensitivität und so weiter. Dieser Aspekt hat viel mit unseren Instinkten zu tun. Es geht hier um das Sein, Fühlen und Erleben. Aus ihm resultieren auch unsere Kreativität, unsere Intuition, unsere Fähigkeit zu vertrauen, unser Mitgefühl und unsere Sinnlichkeit.

> *Alle Menschen, die wir als Genies bezeichnen, sind Männer und Frauen, denen es auf irgendeine Weise gelungen ist, der Gefahr zu entgehen, jenes neugierige, staunende Kind in sich zu betäuben und einzulullen.*
>
> BARBARA SHER

Ein anderer Persönlichkeitsaspekt repräsentiert »erwachsenere« Seiten von uns, etwa unser Verantwortungsgefühl, unsere Kompetenz und eine Stärke, die dem Machen, Denken und Handeln zugeordnet sind.

Wird das innere Kind in uns nicht beachtet, schreit es nach unserer Aufmerksamkeit. Es will in uns und durch uns leben. Dabei sind seine Wünsche immer einfach: Es will spielen, fröhlich sein, genährt sein, in Liebe sein, anderen Menschen Freude bereiten, beobachten, staunen, die Welt bewundern.

Für eine gesunde Psyche benötigen wir nicht nur einen Zugang zu unserem kindlichen Anteil, sondern der kindliche und der erwachsene Anteil müssen ebenfalls miteinander kooperieren. In diesen Kooperationen geht es nicht zuletzt darum, dass unser erwachsener Anteil die Freude, den Schmerz und die Impulse des inneren Kindes wahrnimmt und seine Qualitäten wertschätzt.[11] Wenn dies nicht funktioniert, werden wir in der einen oder anderen Form süchtig nach Ersatzbefriedigungen, anstatt ganz lebendig werden zu können. Diese Ersatzbefriedigungen dienen dem Zweck, dem Schmerz, der Ablehnung oder der Einsamkeit unseres inneren Kindes zu entkommen.[12] Wenn wir wirklich lebendig werden wollen, bedarf es unserer bewussten Entscheidung, das Kind in uns zu beachten, zu lieben, zu fördern und sich (in sinnvollen Grenzen) ausleben zu lassen.

Wie finden Sie Aktivitäten, die Sie begeistern?

Wenn wir herausfinden wollen, was uns begeistert, kann es hilfreich sein, dass wir uns die folgenden Fragen stellen:

➤ Gibt es Aktivitäten, die mich wie magisch anziehen oder faszinieren?

➤ Gibt es Orte und Plätze, Gegenstände oder Rollen, die mich in ihren Bann ziehen?

Manchmal üben genau die Plätze eine Anziehungskraft aus, an denen wir in unserem *Element* sein können. Ein Mensch mit großer Begeisterung für die bildenden Künste fühlt sich beispielsweise vom Flair, den Möglichkeiten und der Stimmung in Künstlerateliers besonders angezogen. Eine begeisterte Schwimmerin ist auf »magische Art« von Schwimmhallen fasziniert, und andere Menschen empfinden ähnliche Gefühle in Wäldern, Bibliotheken, Werkstätten, Wildgärten, Zen-Klöstern, Konzertsälen, Reit- oder Tanzschulen.

Jeder Ort beeinflusst unser Bewusstsein auf ganz besondere Weise. Manchmal benötigen wir bestimmte Umgebungen, um unsere Begeisterung und unser _Element_ leben zu können.

In vergleichbarer Weise gibt es auch Menschen, die magisch angezogen werden von Gegenständen, mit denen sie eine bestimmte Seite ihrer selbst zum Ausdruck bringen können. Ich kenne Menschen, die begeistert sind von Bällen, Pinseln, Musikinstrumenten, Mode und Kleidungsstücken, Tieren oder den Sternen. Oft sind es noch speziellere Einzelbereiche, die bei Menschen Begeisterung auslösen: japanische Kalligrafie, Science-Fiction-Romane, afrikanische Kongas, Lego, Bagger, Primzahlen, Ziergärten, Programmiersprachen oder Schafzucht.

Jedes Medium für unseren Ausdruck lenkt unser Denken, Fühlen, Handeln und Wahrnehmen in bestimmte Bahnen. Wir erreichen im Zusammenspiel mit bestimmten Medien Fähigkeiten, die wir ohne dieses Medium nicht erkennen würden.

Ich bin zum Beispiel fasziniert vom menschlichen Bewusstsein. Oder präziser ausgedrückt: von jenen Energien, die »hohe«, »wache« oder sehr »liebevolle« Bewusstseinszustände ausmachen.

→ Übung 4 auf Seite 202 enthält zahlreiche Fragen, die Ihnen helfen, die Bereiche Ihrer Begeisterung aufzuspüren. Auch bei dieser Übung geht es darum, die Fragen nicht so sehr rational zu beantworten, sondern darüber zu kontemplieren, sich von ihnen berühren und zu Inspiration und Erkenntnissen führen zu lassen.

> *Die Geschichte ist voll von Beispielen, bei denen Menschen ihre wahren kreativen Talente erst entdeckten, als sie das Medium entdeckt hatten, das ihre Gedanken am besten ausdrückte.*
>
> SIR KEN ROBINSON

Es gibt eine wichtige Beziehung zwischen unserer Suche nach Sinn und Bedeutung und dieser Form der Begeisterung. Denn wir können uns vom Herzen her nur für Dinge begeistern, die für uns bedeutsam sind. Die Beziehung zwischen unseren Talenten und unserer Begeisterung ist hingegen etwas anders gelagert. Wir können uns durchaus für Dinge begeistern, in denen wir ausgesprochen talentfrei sind. Dagegen ist natürlich nichts einzuwenden. Wenn wir uns jedoch in Bereichen begeistern lassen, in denen wir eine natürliche Begabung haben, ist das Potenzial dessen, wohin uns unsere Begeisterung führen kann, ungleich größer.

Kritik an diesem Ansatz in der Literatur

In den letzten 40 Jahren ist viel dazu geschrieben worden, wie wir unsere Passion zum Beruf machen. *Finding your passion* war in den USA über Jahrzehnte hinweg das Mantra vieler Coaches und Berufsberater. Demgegenüber wurden gerade in den letzten Jahren einige Stimmen laut, die darauf hinweisen, dass wir durch stetige Arbeit, das Verfolgen einer Karriere und die

Aneignung großer Kompetenz ebenfalls an einen Ort gelangen, an welchem wir unsere Herzensträume leben können.

Aus meiner Sicht schließen sich diese beiden Ansätze nicht aus, sondern betrachten die angestrebte Situation nur aus zwei unterschiedlichen Perspektiven. Beide Ansätze bergen ihre Gefahren: Begeisterte Kreative, die kein Bein auf den Boden bekommen, gibt es bestimmt ebenso häufig wie trostlose Büroarbeiter, die ihre Begeisterung zugunsten eines guten Gehalts eingetauscht haben und bereits mit 35 Jahren wissen, wie viele Arbeitstage es noch bis zur Rente sind. (Wobei es natürlich auch Menschen gibt, die sich entscheiden, ihr *Element* nur in ihrer Freizeit leben zu wollen.)

> *Ohne Arbeit verdirbt das ganze Leben. Aber wenn Arbeit seelenlos wird, wird das Leben steif und leblos.*
> ALBERT CAMUS

Welchen Wert kontinuierliche (passionierte) und manchmal disziplinierte Arbeit für den Erhalt unserer Begeisterung und Lebensenergie im Alltag hat, wird in der *Finding-your-passion*-Literatur oft übersehen oder unterschätzt.

Letztlich geht es darum, eine Situation herzustellen,

➤ in der wir einen geklärten Zugang zu unserer Lebensenergie haben,

➤ Fähigkeiten erlangt haben, die auf unseren natürlichen Begabungen aufbauen und uns entsprechen,

➤ wissen, wie wir diese zur Umsetzung unseres Lebenssinns einsetzen können sowie

➤ Rollen und äußere Umstände geschaffen haben, die uns einen ganz persönlichen Ausdruck ermöglichen.

Der Weg dorthin ist für jeden Menschen individuell verschieden. Auch wenn wir unsere Begeisterung auf ein Ziel fokussieren, das für unser Herz und unsere Seele bedeutsam ist, bedarf es einer Abstimmung mit der äußeren Welt. Traumtänzerei kann genauso trügerisch sein wie die illusorische Sicherheit eines Gehalts in einem tristen Job, der uns innerlich aushöhlt. In unserer zivilisierten Kultur kenne ich allerdings viel zu viele Menschen, die in trostlosen und auszehrenden Jobs auf dem Weg ihrer Karriere gestrandet sind.

> *Arbeit ist sichtbar gemachte Liebe. Und wenn ihr nicht mit Liebe, sondern nur mit Unlust arbeiten könnt, dann ist es besser, eure Arbeit zu verlassen und euch ans Tor des Tempels zu setzen, um Almosen zu erbitten von denen, die mit Freude arbeiten.*
>
> KHALIL GIBRAN

Die folgende kurze Geschichte, die unsere Lebenseinstellung mit jener von vielen indigenen Völkern vergleicht, ist recht bekannt. Sie gibt die Situation, in der wir uns hier in Europa meines Erachtens alle befinden, treffend wieder:

Ein Indianer saß am Fluss und angelte. Da kam ein weißer Mann daher und sagte zu ihm:

»Warum gehst du nicht arbeiten? Du kannst Geld verdienen, dir ein Haus kaufen, eine Familie gründen, kannst ein großes Auto fahren. Du könntest wirklich ein gutes Leben führen. Dann fährst du in den Urlaub, zum Beispiel an einen Fluss zum Angeln.«

Der Indianer antwortete:

»Ja, weißer Mann, du hast recht. Das könnte ich tun. Aber ich sitze ja schon an einem Fluss und angele.«

Energie und Bewusstsein

Energie ist alles, und mehr gibt es nicht.
Begib dich auf die Frequenz der Realität,
die du haben willst, und du wirst diese
Realität unumgänglich erhalten.
Es kann nicht anders sein.
Das ist keine Philosophie.
Das ist Physik.
Albert Einstein

Wie das Bild mit dem Treibstoff weiter oben vermuten lässt, geht es bei Begeisterung um Energie. Sicherlich nicht um eine rein körperliche, wie Muskelkraft oder Ausdauer. Nein, es geht vornehmlich um eine innere, geistige, psychische, mentale, spirituelle Bewusstseinsenergie, die jedoch auch mit unserer körperlichen Leistungsfähigkeit zusammenhängt.

Energie ist der Treibstoff, der alles bestimmt: unsere Lebenskraft, unsere Motivation, unsere Begeisterung und unser Bewusstsein!

Es ist die gleiche Energie, die sich die östlichen Weisheitstraditionen zunutze machen, um zu heilen, erstaunliche Leistungen zu vollbringen oder tiefe Bewusstseinszustände zu erreichen. Sie heißt dort *Qi, Chi, Prana*, in Polynesien *Mana* und in Tibet *Lung*. Aristoteles nannte sie *Hormon*.

Nahezu alle ostasiatischen Bewegungstherapien wie etwa

Tai Chi Chuan, Qi Gong, Yoga oder auch die Kampfkünste haben das Ziel, diese Energie in uns zum Fließen zu bringen. Wenn das gelingt, sind nicht nur erstaunliche Heilungserfolge möglich, sondern auch körperliche »Wunderleistungen«, wie wir sie beispielsweise bei Shaolin-Mönchen erleben können, die Eisenstangen auf dem eigenen Kopf zerschlagen oder andere Dinge vollbringen können, die nur mit einer bewussten Steuerung dieser Energie möglich sind.[13]

Nach dem Verständnis der traditionellen chinesischen Medizin und der indischen Yoga-Tradition fließt diese Energie durch bestimmte Bahnen im Körper, die Meridiane beziehungsweise Nadis heißen. Ihre Knotenpunkte werden Chakren genannt.

Das Wissen um dieses Energiesystem wird auch bei uns von niedergelassenen Ärzten, von Heilpraktikern, von Zahnärzten und in Universitätskliniken genutzt, um beispielsweise mittels Akupunktur Schmerzen zu lindern.

In vielen uralten Traditionen wie Tai Chi Chuan, Qi Gong und in zahlreichen Yoga-Richtungen werden Schüler gelehrt, mit diesen Energien bewusst umzugehen. Sie sind nach einiger Praxis spür- und fühlbar und können von geübten Praktizierenden im eigenen Körper (und darüber hinaus) bewegt werden. Auch viele Meditationspraktiken führen letztlich zu einem Bewusstsein, das diese Energien wahrnehmen und aktiv bewegen kann.

Störung und Heilung unseres Energiesystems

Das Energiesystem des Menschen kann gestört sein. Blockaden, Verknotungen und Ungleichgewichte können zu Beschwerden unterschiedlicher Art führen und zahlreiche Krankheiten auslösen. Ebenso haben Störungen des Energiesystems einen großen Einfluss auf unser Wohlbefinden. Wir fühlen uns dann schwach, schlecht gelaunt, kraftlos, müde, eben energielos. Offensichtlich besteht also ein Zusammenhang zwischen unserem Energiesystem, unserem Bewusstsein und unserer Psyche. Auch unsere Gedanken sind oftmals mit unseren Gefühlen verbunden. Zusammenfassend ergibt sich:

Inspiration 28:
Unser Körper, unsere Psyche, unsere Emotionen,
unsere Gedanken – alles hängt mit unserem Energiesystem
zusammen.

Dies ist keine wirklich aufregende Inspiration – wie sollte es auch anders sein? Laut Erkenntnissen der Physik ist schließlich auf einer grundlegenden Ebene ALLES Energie! Interessant ist sie jedoch deshalb, weil es zur nächsten Inspiration nur ein kleiner Schritt ist. Denn auch wenn sich in unserem Energiesystem solche Muster und Strukturen einmal hinderlich herausgebildet haben, gibt es Möglichkeiten, diese bewusst zu beeinflussen und zu verändern.

Inspiration 29:
Unsere Psyche und unser Bewusstsein basieren auf unserem
Energiesystem. Durch eine bewusste und gezielte Beein
flussung unseres Energiesystems können wir daher unsere
Psyche und unser Bewusstsein (heilend) verändern.

Weiter unten, bei der Fragestellung, wie wir unsere Reaktionsmuster verändern können, werde ich auf diesen Gedankengang noch einmal zurückkommen und Heilungsmethoden aufzeigen, die sich diesen Zusammenhang zunutze machen.

Begeisterung als Motor unserer Wandlung

Wenn durch energetische Eingriffe unser Bewusstsein verändert werden kann, liegt die folgende Frage auf der Hand: Was für ein Verhältnis besteht zwischen Bewusstsein und Energie? Wir sagen umgangssprachlich: Wenn wir viel Energie haben, sind wir tendenziell wach, motiviert, begeistert. Wenn sowieso alles letztlich eine Form von Energie ist, muss also auch gelten:

Inspiration 30:
Bewusstsein ist eine Form von Energie.

Mihaly Csikszentmihalyi, der Begründer der Flow-Forschung, spricht in diesem Zusammenhang von *psychic energy*. Wir wollen im Folgenden von Bewusstseinsenergie sprechen.

Aus Inspiration 30 ergibt sich, dass wir »bewusster« werden können, also ein umfangreicheres oder »höheres« Bewusstsein ausbilden können, indem wir dafür sorgen, dass unser Energiesystem mehr Energie halten kann und mehr Energie (er-)hält. Genau dies ist beispielsweise das Ziel der meisten Yoga-Richtungen: Durch Reinigung und Aktivierung unseres Energiesystems sollen langfristig höhere Bewusstseinszustände ermöglicht werden. Hierzu werden einerseits die Energiebahnen gereinigt

117

und andererseits die Energieknotenpunkte (Chakren) durch bestimmte Techniken geöffnet und aktiviert.

Wenn wir in Zustände höherer Bewusstseinsenergie eintauchen, verändert sich hierdurch unsere Wahrnehmung. Je höher die Bewusstseinsenergie, in der wir uns bewegen, desto eher erhalten wir eine umfassendere und zielgerichtete Wahrnehmung. Wir befinden uns dann schneller im sogenannten Flow, verschmelzen gefühlsmäßig mit unserer Umwelt, Zeit verschwindet aus unserem Bewusstsein, und wir haben das Gefühl, uns als Individuum aufzulösen. Solche Zustände sind nicht nur ausgesprochen angenehm, sie können uns auch dabei helfen, unser $\mathcal{E}lement$ im Alltag zu leben.

> *Im Vergleich zu dem, was wir sein sollten, sind wir nur halb wach.*
>
> WILLIAM JAMES

In Zuständen höherer Bewusstseinsenergie haben wir in gesteigertem Maße Zugang zu unserer Liebe, Wahrhaftigkeit, Wachheit und Hingabe an etwas Höheres. Diese Zustände sind Qualitäten unseres Geistes oder unserer Seele, die uns in unserem Leben über eine Konzentration auf rein materielle Belange erheben.

Wenn Sie Ihre Energie steigern wollen, finden Sie heraus, wie Sie Ihre Begeisterung, Liebe, Wahrhaftigkeit, Wachheit oder Hingabe an etwas Höheres stärken können. Andere Eigenschaften, die damit in Verbindung stehen, sind Mitgefühl, Ehrlichkeit, Achtsamkeit und Konzentration sowie Entspannung.

Viele der bekannten buddhistischen Meditationsformen (insbesondere im Zen) sind speziell zur Steigerung von Konzentration, Achtsamkeit und Wachheit entwickelt worden. Manchmal können einige dieser Meditationsformen sehr hart und männlich sein. Im Buddhismus, Sufismus und Christentum gibt es auch viele Meditationsformen, die ebenfalls unsere Herzensqualitäten wie Liebe und Mitgefühl trainieren sollen.

Menschen sind unterschiedlich. Probieren Sie aus, was für Sie funktioniert!

Es ist nicht sinnvoll, nur eine der oben genannten Eigenschaften allein zu kultivieren. Langfristig müssen sie gemeinsam wachsen! Zusammenfassend bedeutet dies:

INSPIRATION 31:
Ein höheres Energieniveau ermöglicht uns, unser Bewusstsein und damit unser Leben zu transformieren und einen wesentlichen Schritt in unserer Entwicklung zu machen.

Unsere Begeisterung, Liebe, Wahrhaftigkeit, Wachheit und Hingabe können dabei eine wesentliche Rolle spielen! Das »System Mensch« ist in diesem Sinne eine Art organisch wachsendes Energiegefäß. Je weiter wir uns entwickeln, desto höhere Energieniveaus können wir halten.

Genauso wie unsere Entwicklung in den meisten Fällen Zeit benötigt, so benötigt auch dieses innere Energiegefäß Zeit für sei-

> *Die letztendliche Entscheidung ist tatsächlich diese: ob wir uns selbst auf ein Feld hoher Energie oder niedriger Energie ausrichten.*
> DAVID HAWKINS

ne Entwicklung. Zustände von sehr hoher Präsenz, Wachheit, Fokussierung, Klarheit und Liebe können wir in der Regel nicht ohne Weiteres über lange Zeiträume halten. Hierfür bedarf es eines Trainings und Entwicklungsprozesses, die durchlaufen werden wollen.

In unserem *Element* befinden wir uns dann, wenn wir uns nahe dem Punkt unserer momentan höchstmöglichen Energie befinden.

In solchen Zuständen wird unser Bewusstsein sowie unser gesamtes »System Mensch« gefordert und energetisiert. Dies ist die beste Voraussetzung, um Entwicklungsprozesse (und damit langfristig höhere Energieniveaus) zu erreichen.

Ein Monat im Element-Flow pur!

Als ich das Retreat im Westen der USA besuchte, musste ich eine wichtige Entscheidung treffen. Im Vorfeld des Retreats hatte ich bereits das Gefühl gehabt, dass etwas Wichtiges für mich während dieser Zeit passieren könnte, dass eine wesentliche Veränderung für mich möglich wäre. Drei Tage vor Retreat-Ende fühlte ich mich jedoch nicht grundlegend anders als zuvor. Wenn es jedoch eine Möglichkeit gab, eine Änderung meines Lebens während dieses Retreats herbeizuführen, so wollte ich auf jeden Fall auch alles unternommen haben, um hier keine Chance zu verpassen. Zufall oder nicht – eine Freundin meinte dann auch noch zu mir: »Manchmal müssen die Tore des Himmels im Sturm genommen werden.«

Also entschloss ich mich, in der verbleibenden Zeit alles im Innen und Außen fallen zu lassen, was mich daran hindern könnte, den möglich erscheinenden nächsten Entwicklungsschritt zu gehen. Wie aber sollte ich das umsetzen?

Ich entschied mich, bis zum Ende meiner Retreat-Zeit – rund achtzig Stunden – zu meditieren und in den kurzen Pausen ein Buch meines spirituellen Lehrers zu lesen, das mich zu jener Zeit auf eine Art innere Reise mitgenommen hatte. Ich wollte eine Veränderung meines Lebens, die mir gefühlsmäßig möglich erschien! Ich wollte sie UNBEDINGT!

So wurde ich in dieser kurzen Zeit wie in einer Art Schnelldurchlauf durch viele innere Türen geführt. Immer wieder ging es darum, alles loszulassen und tiefer und tiefer nach innen zu gehen. Teils meditierend, teils lesend setzte ich auch während der Rückreise meinen inneren Veränderungsprozess fort. Und als ich wieder in Deutschland ankam, war ich tatsächlich ein anderer Mensch!

Genauer gesagt: Mein Bewusstsein war vollkommen verändert. Vergangenheit und Zukunft waren gleichermaßen verblasst. Der Augenblick bestimmte mein Bewusstsein wie nie zuvor. Die Welt war lebendig, wie ich es noch nicht erlebt hatte. Alles war ein Abenteuer. Etwas unglaublich Intimes[14] war anwesend in mir und füllte mein Herz bis zum Bersten. Keine meiner bisherigen Erfahrungen ließ sich auch nur im Entferntesten damit vergleichen. Ich war erfüllt von Liebe, präsent über beide Ohren und begeistert vom Leben! Ich hatte zuvor und habe seitdem viele Retreats durchlaufen. Der Zustand nach kraftvollen Retreats ist in den meisten Fällen neu und manchmal auch außergewöhnlich. Das, was ich nach diesem Retreat erfuhr, war jedoch einer jener Bewusstseins-Quantensprünge, die ich in vergleichbarer Form sonst noch nie erlebt hatte.

Es war nicht nur so, dass sich mein Bewusstsein gewandelt hatte. Auch die Welt funktionierte vollkommen anders als zuvor, jedenfalls empfand ich es zu dieser Zeit so. Jeder Gedanke schien wahr zu werden oder synchron oder zeitnah mit Ereignissen in der Welt abzulaufen. Jede meiner Handlungen schien auf ihre Art perfekt zu sein. Alles, was ich tat, war stimmig und fühlte sich leicht und unbeschwert an.

Hier einige simple Beispiele: Wenn ich etwas in den Papierkorb warf, traf ich nahezu immer – auch aus den unmöglichsten Winkeln! Wenn ich eine Frage im Kopf hatte, brauchte ich nur irgendein Buch aus dem Regal zu ziehen, es irgendwo aufzuschlagen und einen Satz zu lesen, und dieser lieferte mir – ohne Ausnahme! – die Antwort auf meine Frage.

Ohne so recht zu wissen, wie, war ich in einen Zustand geraten, der als *Flow, The Zone, hack mode, wired in* oder *in the pipe* bezeichnet wird.

Dieser Zustand kann in unterschiedlichen Intensitäten auftreten beziehungsweise erlebt werden. In intensiven Flow-Zuständen können wir wahre Wunder vollbringen, sind hoch konzentriert und doch vollkommen entspannt. Spitzensportler versuchen ihn zu erreichen. Extremsportler *müssen* ihn manchmal erreichen.[15] Und ich war durch die Meditation hineingeraten. Er dauerte und dauerte an.

Es gab einige unglaublich intensive Momente in dieser Zeit: Ich erinnere mich noch an eine Begebenheit, als ich Pferde auf der Weide stehen sah. Der Anblick und die Herrlichkeit dieser Szene zersprengte mich förmlich innerlich und raubte mir den Atem. Niemals zuvor hatte ich etwas erlebt, was mich mehr berührt – ja erschüttert – und in eine schockgleiche, glückselige Ekstase versetzt hätte wie der Anblick dieser Pferde! Solche Momente dauerten zwar nur kurz an, vielleicht eine Minute, aber sie zeigten mir, welches unglaubliche Glück möglich ist, wenn ich einfach nur im Augenblick verweilte. Jeder Wunsch, jedes Verlangen, jeder Gedanke verblasste vollkommen in Anbetracht der Intensität dieser Erfahrungen.[16] Erst nach einem Monat ließ die Intensität der fortwährenden Flow-Erfahrung langsam nach.

Flow und das Element

In einen Zustand des Flows zu kommen wird für immer mehr Menschen zu DEM Ziel schlechthin, wenn es um bewusstseinsbedingte Leistungsoptimierung geht. Manager, Spitzensportler, Kreative, Chirurgen, Programmierer und Musiker – in allen diesen Bereichen gelten Flow-Zustände als das zu erlangende Bewusstsein. Denn kein anderer Zustand gilt als besser geeignet, um Höchstleistungen abrufen zu können.

Das Flow-Konzept geht zurück auf den Psychologen Mihaly Csikszentmihalyi, der zahlreiche Bücher zu dem Thema veröffentlicht hat. Der Zustand ist jedoch kulturübergreifend seit Jahrtausenden bekannt. Im alten China galt er unter dem Namen *Wu Wei* innerhalb des Taoismus als ein Ziel der Schulungen. In den japanischen Kampfkünsten heißt er *Mushin*. In alten Hindu-Texten wie der Bhagavad-Gita wird er genauso erwähnt wie in diversen buddhistischen Schriftstücken.

Nach Csikszentmihalyi bezeichnet Flow einen Zustand komplett fokussierter Konzentration. In diesem Zustand erlebt man oftmals einen Schaffensrausch, man geht vollkommen auf in der Tätigkeit, der man gerade nachgeht. Flow ist verbunden mit einem Gefühl des Eins-Seins mit sich und der Welt. Da der

Flow-Zustand in wissenschaftlichen wie auch spirituellen Texten so umfassend beschrieben ist,[17] soll es hier vornehmlich um den Zusammenhang zwischen Flow und dem *Element* gehen.

Was ist der Unterschied zwischen einem Flow-Zustand und dem Im-*Element*-Sein?
Letztlich entscheidet unsere Seele, was in unserem Leben Relevanz hat und was nur eine oberflächliche Beschäftigung ist, die uns jedoch nicht wirklich berührt und erfüllt. Damit wir in unser *Element* und zu einer tiefen inneren Erfüllung gelangen, müssen die Seele und damit unser Herz involviert sein. Vor diesem Hintergrund sollen hier zwei Arten von Flow unterschieden werden:

Der Typ-A-Flow: Ihn erfährt ein Computerspieler, der sein Spiel präzise, vielleicht sogar genial spielt. Oder ein Manager, der voll mit positivem Stress ein Unternehmen leitet. Auch ein Casino-Spieler oder ein Börsenhändler, der von einer Chance zur nächsten fiebert und ganz in seinem Tun aufgeht, befindet sich im Typ-A-Flow.

Diese Art des Flows ist recht weit verbreitet und relativ einfach zu erreichen. in diesem Zustand sind Höchstleistungen möglich. Hochgefühle ebenso. Aber eine wichtige Komponente bleibt bei den meisten auch sehr erfolgreichen Menschen dabei außen vor: unser Herz, unsere Seele, unsere kindliche Berührbarkeit.[18]

Der Typ-B-Flow: In ihm fühlt man sich wie ein Kind, das mit dem Wind tanzt, die Magie in jedem Sandkorn, Regenwurm und Sonnenstrahl sieht; ein Kind, das voller Wunder, Staunen und kindlicher Lebensfreude ist. Es ist erfüllt mit Liebe zu dieser Welt.

Im Flow zu sein kann uns begeistern, berauschen und an das Limit unserer Leistungsfähigkeit führen. Wir sind in diesem Zustand überaus motiviert und fokussiert. Die obigen Beispiele vom Typ A zeigen jedoch: Flow kann auch in recht oberflächlichen Tätigkeiten erfahren werden. Zwischenmenschliche Gefühle, herzliche Verbundenheit und Berührbarkeit spielen unter Umständen keine Rolle. Was immer wir im Flow tun, muss nicht zwingend unser Herz erfüllen, unsere Seele berühren oder mit unserem Lebenssinn in Verbindung stehen.

Nicht nur die Computerspielbranche macht sich diesen Zusammenhang zunutze, um ihre Spiele attraktiver zu gestalten, auch viele andere Unternehmen und Organisationen versuchen mittlerweile, ihre Produkte und Dienstleistungen so zu optimieren, dass der Kunde beim Kauf oder bei der Nutzung ein Spielerlebnis und im besten Fall einen Flow-Zustand erfährt. Diese Strategie wird auch als *gamification* bezeichnet.

Das Flow-Erlebnis vom Typ A kann jedoch, insbesondere wenn es exzessiv gesucht wird, einen schalen Nachgeschmack haben. Etwas fehlt. Flow ist wie ein Rausch. Ein Kater kann folgen.[19] Wir sehen dies bei süchtigen Spielern ebenso wie bei gestressten Managern, denen vor lauter Erfolg und Hochgefühl nicht auffällt, dass ein wichtiger Teil ihrer menschlichen Natur in ihrer Tiefe keine Nahrung erhält. Sie befinden sich auf einem Weg, der sie irgendwann in eine Sackgasse führen wird, wenn sie sich nicht ändern.

Wenn wir uns selbst in einer solchen Situation befinden, müssen wir entscheiden, ob wir diesen inneren Mangel länger ignorieren wollen (und können) oder nicht. Manchmal werden wir zu einer Entscheidung aufgrund eines Burn-outs, einer Depression oder eines Schicksalsschlags gezwungen.

Wenn wir uns für unsere Tiefe, Berührbarkeit, Seele entscheiden, müssen wir umsteuern – auch wenn wir unseren äußeren Erfolg dafür womöglich zu opfern haben. Im besten Fall kann dies sanft geschehen, und einige kleine Nachjustierungen unseres Kurses reichen aus. Manchmal muss jedoch auch ein harter Schnitt erfolgen.

Die Fragen, um die es in den Kapiteln über den Sinn des Lebens und über Begeisterung ging, sind dann ganz besonders relevant und sollten beantwortet werden.

Wenn uns dies gelingt, dann werden wir zur kindlichen Form der Flow-Erfahrung gelangen und diese im Laufe unseres Lebens immer weiter vertiefen. Dann werden wir lernen, uns an Kleinigkeiten zu erfreuen, wir werden immer offener und berührbarer werden, häufiger staunen und uns wundern – bis irgendwann vielleicht das gesamte Leben zu einem Wunder wird.

> *Heilige sind nicht das, was sie sind, weil ihre Heiligkeit sie für andere bewundernswert macht. Sondern weil die Gabe der Heiligkeit ihnen erlaubt, alle andern zu bewundern.*
>
> THOMAS MERTON

Die Flow-Erfahrung ist ein bedeutender Teil unseres *Elements*. Daher ist es wichtig, dass wir sie in möglichst vielen Lebensbereichen und möglichst häufig erleben. Wenn Flow die Basis unseres Lebensgefühls ist – beruflich und privat –, sind wir auf dem Weg zu unserem *Element* schon ein gutes Stück vorangekommen!

Vergleichen wir unser Leben mit einer Autofahrt, so sind

unsere Begabungen das eigentliche Gefährt. Ein gutes Auto bringt uns besser, angenehmer und schneller ans Ziel. Unsere Begeisterung und unsere Flow-Erfahrungen liefern den Sprit, die Energie, die Geschwindigkeit, mit der wir reisen können. Und unser Lebenssinn gibt die Richtung vor, in die wir uns bewegen.

Nur wenn alle drei Faktoren zusammenkommen, kann die Reise gelingen:

Ganz in unserem *Element* sind wir, wenn wir im Bereich unserer Talente tätig sind und mit erfülltem Herzen Flow-Zustände zur Erfüllung unseres Lebenssinns nutzen.

Wie mich mein Schatten einholte

Die Phase, in der ich leidenschaftlich meditierte und damit meinen damaligen Lebenssinn erfüllte, dauerte rund zweieinhalb Jahre. Ich erforschte, wie sich Energien in meinem Körper veränderten, wie ich diese bewusst verschieben und unterschiedliche Bewusstseinszustände erreichen konnte. Auch wie sich bestimmte Einstellungen und Verhaltensmuster, die sich in energetischer Hinsicht als Energieblockaden zeigen, in meinem Körper auflösen ließen, fand ich heraus. Irgendwann aber setzten Fragen ein, was ich mit meiner Zeit im Außen anfangen könnte.

Nach einer kleinen Weltreise hatte mich mein äußeres Leben zu diesem Zeitpunkt in ein gemeinschaftliches Wohnprojekt mit 100 Bewohnern in der Nähe von Berlin geführt. Dort hatte ich am Rande der Gemeinschaft in einem Bauwagen mit Blick in den Wald gewohnt, wo ich meine Ruhe hatte, wann immer und solange ich wollte – und ausreichend Abwechslung in der Zeit außerhalb meiner Einkehr. Lange hatte ich geglaubt, ich brauchte nicht mehr, doch nun ... War das jetzt schon alles? Wollte ich für immer so zurückgezogen leben und mich hauptsächlich mit meiner inneren Arbeit beschäftigen?

Ich merkte, dass ich mit meinen rund drei Stunden Meditation pro Tag nicht mehr das Niveau von Erfüllung erreichte, wie in den Monaten und Jahren zuvor. Zwar war jede Meditation nach wie vor geprägt von tiefen Zuständen voller Liebe und Ekstase, aber irgendetwas fing an, ein wenig eintönig zu werden.

Aus heutiger Sicht weiß ich, dass all dies Hinweise waren, dass ich den nächsten Schritt in meiner Entwicklung machen musste. Nur für mich allein in die Tiefe zu gehen war nicht länger genug! Doch damals erkannte ich dies nicht. Stattdessen bewegte ich mich in eine Richtung, die mir große Probleme bereiten sollte. Demut ist eine jener wichtigen Eigenschaften, mit denen ich mich mein ganzes Leben lang schwergetan habe. Und dies sollte einige negative Konsequenzen haben. Aber der Reihe nach: Drei Fragen tauchten zu jener Zeit in mir auf. Die erste lautete: Gab es vielleicht noch tiefere innere Zustände, die ich erfahren könnte? War ich trotz all der Ekstase noch nicht »angekommen«? Die zweite Frage beschäftigte sich mit meiner Verantwortung für die Welt: Welche innere Einstellung sollte ich entwickeln in Anbetracht der zahlreichen Krisen in der Welt, in Anbetracht der weiten Verbreitung psychischer Störungen und Depressionen und eines gestörten gesellschaftlichen Systems, das das Lebenssystem Erde zunehmend zerstört? Oder sollte ich gar versuchen, meine Hinwendung nach innen aufzugeben? Im bloßen Sein konnte ich ohne Probleme verweilen, aber war dies der Weisheit letzter Schluss? Gab es etwas in der Welt für mich zu tun, was meine Verantwortung erforderte? Die dritte Frage beschäftigte sich damit, wie ich überhaupt in solche Zustände gekommen war, und damit auch: wie für andere Menschen der Weg hin zu einer großen inneren Vertiefung und einem Leben in ihrem *Element* aussehen könnte und ob die Möglichkeit für mich bestand, ihnen auf diesem Weg behilflich zu sein.

Zu jener Zeit hatte ich durchaus schon gelegentlich versucht, meine inneren Erlebnisse mit anderen zu teilen, doch mir hatten das Wissen, die zwischenmenschliche Reife und die Erfahrung in der Begleitung von Transformationsprozessen gefehlt, daher hatte ich nur wenige Menschen mit meinen Erfahrungen erreichen und berühren können. Dabei war das, was ich gefunden hatte, doch schöner als alles, was ich mir zuvor hätte vorstellen können, so fand ich! Warum also konnte ich die Großartigkeit dessen nicht vermitteln? Was machte ich falsch? Oder lag es auch an dieser speziellen Gemeinschaft, in der ich lebte?

Mir wurde klar, dass ich eigentlich in einer Gemeinschaft oder einem Veranstaltungszentrum leben wollte, wo der Zugang zu unserer Seele und unserer Tiefe eine viel größere Rolle spielte. An so einem Ort, so hoffte ich, würde ich meine spezifischen Erfahrungen und Zugänge besser teilen und Menschen besser erreichen können.

Durch »Zufall« begegnete ich dann einem Mann, der mir aufgrund seiner sehr liebevollen Ausstrahlung auffiel. Es war genau jene Qualität von Liebe, die auch ich in meiner Herz-Meditation erfuhr. Nach einem kurzen Gespräch stellte sich heraus, dass er sich einer kleinen christlichen Gemeinschaft nahe der deutsch-französischen Grenze zugehörig fühlte, die unter anderem das sogenannte Herz-Jesu-Gebet praktizierte, das insbesondere innerhalb der christlichen Ostkirche sehr populär ist. Ich war fasziniert. Gab es dort Menschen, die mich vielleicht besser verstehen würden und mit denen ich meine inneren Erfahrungen teilen konnte? Diese Gemeinschaft wollte ich mir unbedingt anschauen! Ich fragte, ob ich dort einige Tage zu Besuch kommen könne. Wir vereinbarten einen Retreat-Aufenthalt zum gegenseitigen Kennenlernen.

Kurze Zeit später fuhr ich in das kleine Dorf, in dem die Gemeinschaft zu Hause war. Die Retreat-Bedingungen waren sehr klösterlich: Aufstehen um vier Uhr morgens, Meditieren, Bibel-Lesen, Stille/Gebet, kurzer Spaziergang, Meditieren, Essen, Arbeiten, Beten, Meditieren … Es war großartig! In meinem Inneren suchte ich in dieser Zeit eine Antwort auf meine erste Frage, nämlich ob ich noch tiefere Zustände der Versenkung erfahren könnte, wenn ich nur einfach intensiver meditierte. Ich konnte hier so lange meditieren, wie ich wollte. Schnell dehnte ich die Meditationszeiten auf mehr als zehn Stunden am Tag aus, denn Schlaf brauchte ich immer weniger. Nach neun Tagen war mein Bewusstsein so offen wie noch nie in meinem Leben! Auf jede innere Frage erhielt ich sofort treffsicher eine stimmige Antwort und darüber hinaus innerlichen Zugang zu allem, wofür ich mich interessierte. Was konnte es Schöneres geben?

Dennoch stellte sich während der Retreat-Zeit heraus, dass ich mich in dieser christlichen Gemeinschaft langfristig nicht wohlfühlen würde.

So beendete ich mein Retreat und fuhr zurück in die Gemeinschaft nahe Berlin. Doch dort fingen die Probleme dann an: Meine extreme Offenheit führte zu absurden inneren Erfahrungen, wenn ich mich in Menschenmassen bewegte. Die Tiefe in mir stieß mit den Anforderungen eines normalen Alltagsbewusstseins zusammen. Außerdem gab es noch zahlreiche ungeklärte Einstellungen in mir, die durch die Intensität meines Bewusstseins ebenfalls aktiviert und an die Oberfläche befördert wurden, ebenso wie einige meiner Schattenseiten. Dies führte im Ergebnis dazu, dass sich bestimmte Aggressionen in mir eine Art Eigenleben verschafften und auch gelebt werden wollten.

All das ist keine gute Ausgangsbasis, wenn man mit 100 Menschen zusammenlebt! Und zu allem Überfluss fand in dieser Zeit auch noch ein Sommerfest mit weiteren 300 Menschen in der Gemeinschaft statt – eine Veranstaltung, bei der auch auf meine Mithilfe gezählt wurde. Für mich war das eine vollkommene Überforderung in diesem Zustand. Die Tiefe in mir wollte ich auf keinen Fall aufgeben, doch einen Alltag musste ich in irgendeiner Form ja auch leben. Allerdings waren bereits kleine Anforderungen zu viel für mich, da ich nicht gelernt hatte, aus dieser Tiefe heraus im Alltag zu handeln. Und meine inneren Aggressionen machten mich sozial komplett inkompatibel.

Es war insgesamt eine sehr energiegeladene und anstrengende Zeit, in der ich überhaupt nicht in der Lage war, diese verschiedenen Strömungen in mir in gesunder Weise zusammenzuführen. Ich musste mich aus der Gemeinschaft zurückziehen, und es dauerte viele Jahre, bis ich wieder in der Lage sein sollte, einen normalen Alltag in Verbindung mit meinem *Element* zu leben.

Wie können Sie Ihre Einstellungen positiv verändern?

> *Achte auf deine Gedanken, denn sie werden deine Worte.*
> *Achte auf deine Worte, denn sie werden deine Taten.*
> *Achte auf deine Taten, denn sie werden deine Gewohnheiten.*
> *Achte auf deine Gewohnheiten, denn sie werden dein Charakter.*
> *Achte auf deinen Charakter, denn er wird dein Schicksal.*
> Talmud

Mein Erlebnisbericht zeigt: Wenn wir unser Leben verändern oder sogar in unsere Tiefe tauchen wollen, ist es notwendig, an unseren inneren Einstellungen zu arbeiten, also an unseren Prädispositionen, in bestimmter Weise auf (äußere oder innere) Ereignisse zu reagieren. Diese Reaktionen können sich in Handlungen, Gedanken, Gefühlen oder Emotionen äußern.

Natürlich waren meine Erfahrungen extrem und jenseits

dessen, was man normalerweise auf dem Weg in die Tiefe erfährt. Doch meine Einstellungen waren der entscheidende Grund dafür, dass ich mein *Element* nicht in gesunder Weise mit meinem Alltag zusammenbringen konnte. Ebenso spielten meine (veränderten) Einstellungen eine entscheidende Rolle, als ich mein *Element* ursprünglich fand: In jungen Jahren hatte ich versucht, mein *Element* im Bereich der Spiritualität und Meditation zu finden.

> *Dein Kerker bist du selbst ... Du selbst bist die Welt, die dich in dir mit dir so stark gefangen hält.*
> ANGELUS SILESIUS

Jahrelang hatte ich dies versucht, jedoch zu jenem Zeitpunkt keine Fähigkeit zu wahrer Hingabe gehabt. Meine Einstellungen hinsichtlich der Bedeutung von Karriere und äußerem Erfolg hatten dies verhindert. Erst als ich alle Wünsche diesbezüglich loslassen konnte, war ich in der Lage, frei auf die neue Chance zur spirituellen Vertiefung zu reagieren, und fand in der neuen Art zu meditieren und einem damit verbundenen neuen Lebensstil mein *Element*.

Insgesamt ergibt sich die folgende Erkenntnis:

INSPIRATION 32:
Unsere Einstellungen haben entscheidenden Einfluss darauf, ob wir unser Element finden und in diesem leben können.

Wenn Sie Ihr Leben verändern wollen, ändern Sie Ihre Einstellungen! Mit den falschen Einstellungen können Sie nichts von Dauer und Wert erhalten oder bewahren. Mit den richtigen Einstellungen erhalten Sie hingegen alle Reichtümer dieser multidimensionalen Welt.

Eine Einstellung ist eine etablierte Weise, auf bestimmte Erfahrungen zu reagieren. Sie umfasst:

➤ Unser Temperament, das aus Verhaltens-, Gefühls-, Denk- und sonstigen Reaktionsmustern besteht. Viele davon laufen automatisch in einer Art innerem Programm ab.

➤ Unsere Haltung, die uns einen spezifischen Blickwinkel auf die Welt verschafft. Sie ist abhängig von unserer Gemütsverfassung und unserer grundlegenden Positionierung dem Leben gegenüber.

➤ Unseren Charakter – unsere allgemeinen moralischen Qualitäten und Prägungen.

Unsere Einstellungen sind wie eine farbig getönte Sonnenbrille, durch welche wir die Welt sehen.

Die größte Entscheidung deines Lebens liegt darin, dass du dein Leben ändern kannst, indem du deine Geisteshaltung änderst.
ALBERT SCHWEITZER

Wenn wir die richtigen Einstellungen in uns entwickelt haben, läuft das Leben oft wie geschmiert. Denn veränderte Einstellungen können viel Positives nach sich ziehen:

➤ Ängste, die uns früher zurück-
gehalten haben, können sich
auflösen (beispielsweise die
Angst zu scheitern, die Angst,
abgelehnt und ausgeschlossen
zu werden, Angst vor Mittello-
sigkeit, die Angst vor Neuem).

➤ Blockaden, die aus unserer
Selbstwahrnehmung und Programmierung entstehen, können sich ändern und somit den
Weg zu neuen Ufern frei ma-

> *Das Universum ist eine
> riesige Kopiermaschine
> unserer Gedanken.
> Wollen wir, dass sich
> eine Sache ändert,
> müssen wir aufhören,
> die dazugehörigen
> Gedanken auf den
> Kopierer zu legen.*
>
> NEALE DONALD WALSCH

chen (beispielsweise Minderwertigkeitsgefühle, einengende
Rollen, die wir eingenommen haben, Beziehungs- und
Wahrnehmungsroutinen, die aus immer gleich ablaufenden
Gedanken, Emotionen und Verhaltensmustern resultieren).

➤ Es entsteht eine neue Sicht auf die Welt und auf uns selbst,
die uns ganz neue Türen und Tore erkennen und zuvor groß
erscheinende Hindernisse in anderem Licht erscheinen lässt.
(Beispielsweise können wir lernen, scheinbare Misserfolge
in Erfolge umzudeuten: »Ich habe zwar nicht erreicht, was
ich wollte, aber dabei viel gelernt.« Oder: »Meine Mutter ist
krank – das hat die Familie zusammengebracht.«)

**Wenn wir unsere Einstellungen verändern, ändert sich das
Universum, in dem wir leben.**

Änderung unserer Einstellungen können dazu führen, dass sich
die als unveränderlich wahrgenommenen Gesetzmäßigkeiten
unseres Lebens wandeln. Ein neuer Blickwinkel eröffnet so bei-

spielsweise die Perspektive auf neue Zusammenhänge, die uns gänzlich andere Reaktionen auf Ereignisse erlauben können. Nehmen wir die Welt hauptsächlich als feindselig wahr, so werden wir sie in der Regel auch tatsächlich als feindselig erleben. Sind wir hingegen frisch verliebt und sprühen vor Glück über beide Ohren, werden wir die Welt tatsächlich in Rosarot erleben – viele Möglichkeiten werden uns offenstehen, die mit einer feindseligen Einstellung nicht möglich gewesen wären.

> *Die Menschen scheinen nicht zu bemerken, dass ihre Meinung von der Welt auch ein Eingeständnis ihres Charakters ist.*
> RALPH WALDO EMERSON

Teilweise sind unsere Einstellungen angeboren und können nur schwer oder gar nicht geändert werden. Die meisten jedoch, beispielsweise unsere Haltung, unsere zahlreichen unbewussten Reaktionsmuster und unsere inneren Überzeugungen lassen sich durchaus ändern.

Es stellt sich die Frage, was für Einstellungen wir entwickeln sollten, damit diese uns unterstützen, in unserem *Element* zu leben.

Welche Einstellungen sind förderlich?

Auf der Reise in unsere Tiefe sind wir gefordert, immer mehr mit uns ins Reine zu kommen. Das bedeutet, nach und nach Einstellungen zu entwickeln, die der Reinheit unserer Seele entsprechen. Nicht für jeden ist dieser Anspruch ein erreichbares oder auch nur verständliches Ziel. Daher wird im Folgenden eine Reihe von Einstellungen beschrieben, die auf dem Weg zu dieser Reinheit hilfreich sein können und die in der psychologischen Forschung als förderlich betrachtet werden.

Die Glückspilz-Einstellungen

Haben Sie auch Menschen in Ihrem Bekanntenkreis, die andauernd Glück zu haben scheinen? Und andere, die vom Regen in die Traufe geraten? Nach meiner Meinung ist das kein Zufall. Der Unterschied zwischen diesen Menschen besteht darin, dass die Ersteren Glückspilz-Einstellungen haben:

INSPIRATION 33:
Es gibt Glückspilz-Einstellungen, die uns erlauben, günstige Gelegenheiten nicht nur zu erkennen und zu ergreifen, sondern sie auch anzuziehen.

Zahlreiche psychologische Gründe stützen diese These. Hier einige Beispiele:

➤ Positive Einstellungen führen tendenziell zu einer positiven Stimmung. Dies hat wiederum positive Auswirkungen auf unsere Ausdauer, unsere körperlichen, kognitiven und kreativen Fähigkeiten, auf unsere Ausstrahlung und auf vieles mehr.
➤ Unsere Intuition funktioniert besser, wenn wir uns innerlich im Fluss fühlen, als wenn wir beispielsweise voller Ängste sind.
➤ Wenn wir positive Erwartungen haben, kann dies zu neuen Chancen nach dem Prinzip der sich selbst erfüllenden eigenen Prophezeiungen oder Erwartungen führen.

Es gibt in der Psychologie, Medizin und auch in den Sozial- und Wirtschaftswissenschaften zahlreiche bekannte Effekte, bei denen unsere Erwartungen, Selbstbilder oder die Bilder, die andere Personen von uns haben, sich tendenziell selbst erfüllen.[20] Zusammenfassend ergibt sich aus diesen Gründen die folgende Erkenntnis:

> *Nicht das Problem macht die Schwierigkeiten, sondern unsere Sichtweise.*
> VIKTOR FRANKL

Mit den falschen Einstellungen können wir unserer inneren und äußeren Entwicklung sehr im Wege stehen. Andersherum können wir lernen, Einstellungen zu entwickeln, die diese in grandioser Weise unterstützen.

Der britische Psychologe Richard Wiseman hat gezeigt, dass Glückspilze ein bestimmtes Einstellungsmuster haben, das sie von anderen Menschen unterscheidet. Nach seinen Untersuchungen sind für Glückspilze die folgenden Prinzipien charakteristisch:

➤ Glückspilze maximieren ihre Chancen auf glückliche Zufälle durch aktives Engagement,

➤ sie hören auf ihre Intuition und arbeiten aktiv daran, diese zu verbessern,

➤ sie gehen davon aus, Glück zu haben (selbsterfüllende Erwartungshaltung),

➤ sie besitzen eine Haltung, die es ermöglicht, Unglück umzudeuten.[21]

Glückspilze leben sozusagen nach dem Prinzip »Hilf dir selbst, dann hilft dir Gott«. Und dieses Prinzip scheint zu funktionieren. Doch natürlich benötigen wir passende äußere Gelegenheiten, um in unserem *Element* leben zu können. Und manchmal gibt es wirtschaftliche, biologische oder kulturelle Hindernisse, die dem fundamental im Wege stehen.

Wenn obiges Prinzip gilt, impliziert dies auch, dass wir durch bestimmte Einstellungen den Zufall zu unseren Gunsten lenken können. Wir können also durch eine Veränderung unserer Einstellungen, einer damit verbundenen Weltsicht und daraus resultierenden Veränderungen unserer Verhaltensweisen und Gedanken auch unser Schicksal – in Form von Zufällen und Gelegenheiten – maßgeblich beeinflussen. Im Ergebnis lässt sich festhalten:

Glückspilze verfügen über eine Kombination aus Einstellungen und aktivem Engagement, welche im Ergebnis Gelegenheiten herbeiführen. Und sie besitzen das Selbstvertrauen, diese zu ergreifen.

Wir alle können lernen, solche Einstellungen in uns selbst zu entwickeln.

Die autotelische Persönlichkeitsstruktur

Neben den Glückspilz-Einstellungen sind auch jene Einstellungen vorteilhaft, die uns helfen, Flow-Zustände zu erreichen und aufrechtzuerhalten. Forschungsergebnissen zufolge ist eine sogenannte autotelische Persönlichkeitsstruktur sehr förderlich, um diese Zustände regelmäßig zu erleben. Solch eine Persönlichkeits-

> *Es gibt keinen Weg zum Glück. Glücklichsein ist der Weg.*
> BUDDHA

struktur umfasst die folgenden Einstellungen und Fähigkeiten:[22]

➤ intrinsische Motivation (man kann sich selbst Herausforderungen schaffen),

➤ Klarheit in Worten und Zielen,

➤ Konzentrationsfähigkeit, Disziplin und Ausdauer,

➤ Zielorientierung und Leistungsbedürfnis,

➤ Aktionsgewohnheit, Freude am Tun,

➤ geringe Selbstbezogenheit,

➤ Neugier und Lernbereitschaft,

➤ Entschlossenheit und Mut,

➤ Verantwortung für das eigene Handeln und die eigenen Entscheidungen,

➤ gefühlte Kontrolle über das eigene Leben (im Sinne von »Ich erlebe mich als selbstbestimmt«),

➤ Selbstbewusstsein sowie der Glaube an sich selbst.

Eine autotelische Persönlichkeit braucht wenig materiellen Besitz, wenig Unterhaltung, Komfort, Macht oder Berühmtheit beziehungsweise Zustimmung. Denn allein durch das eigene Tun erfährt eine solche Person die größte Erfüllung.

Die sieben Schlüssel und weitere Einstellungen

Neben den beiden oben erwähnten Einstellungen gibt es noch weitere, mit denen innere (und zumeist auch äußere) Möglichkeiten in unser Leben eingeladen werden können. Wir hatten bereits im Kapitel *Wie kann ich innere Schätze finden?* die sieben Schlüssel erwähnt. Sie beinhalten bestimmte Haltungen, die zum Teil noch über die in diesem Kapitel bisher erwähnten Einstellungen hinausgehen.

Es gibt noch weitere Aspekte zu beachten, die wichtig für ein

Leben im *Element* sind. Wichtig ist zum Beispiel, dass wir selbstlose Motive haben. Wenn wir unser Handeln an den Bedürfnissen der Welt und anderer Menschen orientieren (ohne uns dabei selbst zu verraten oder auszubeuten), öffnen sich uns die Türen zu einer immer weitergehenden Entfaltung unserer Möglichkeiten.

> *Gib der Welt das Beste, was du hast – es wird nicht genug sein. Trotzdem – gib weiter dein Bestes.*
> MUTTER TERESA

Die vielleicht wichtigste Einstellung jedoch, die uns dazu verhilft, in unser *Element* zu kommen, besteht darin, dass wir uns ganz an unserem höchsten Potenzial ausrichten: an unseren höchsten Fähigkeiten, unserer Einzigartigkeit, an den herausforderndsten Zielen, unserer intensivsten Lebendigkeit, Wahrhaftigkeit und Wahrheit, an dem höchsten Licht!

Es kann frustrierend sein, nach dem Höchsten zu greifen, denn oftmals bedeutet es, dass wir an diesem Ideal scheitern werden. Wir können jedoch sogar unsere negative Einstellung gegenüber dem eigenen Scheitern aufgeben und uns durch Hingabe statt durch Streben diesem Höchsten nähern.

Die Notwendigkeit, unsere Einstellungen zu klären

Man kann auf seinem Standpunkt stehen.
Aber man sollte nicht darauf sitzen.
Erich Kästner

INSPIRATION 34:
Wenn wir uns befreien wollen und unser Potenzial und Element mit unserer ganzen Kraft und Energie in unser Leben bringen wollen, müssen wir unsere Einstellungen klären. Oft ist intensive innere Arbeit erforderlich, um das zu erreichen.

Wahre Freiheit und hohe Energie können wir langfristig nur dann in unserem Alltag leben, wenn wir gelernt haben, mit unseren Ängsten, Blockaden, rigiden Sichtweisen, Urteilen, Enttäuschungen, unserer Trauer und Frustration sowie mit den Reaktionsmustern, die uns einengen, umzugehen. Andernfalls kommen wir gar nicht erst in Zustände großer innerer Freiheit oder hoher Energie.

Wie meine Erfahrungen im letzten Erlebnisbericht gezeigt haben, traten meine negativen Einstellungen gerade dann hervor, als ich in einen Zustand hoher Energie kam, ohne mich und meine Einstellungen vorher geklärt zu haben. Mein Beispiel ist übrigens kein Einzelfall, sondern lässt sich immer wieder beobachten, wenn Menschen durch Meditation oder andere

Praktiken und Techniken ihre innere Energie steigern. Wenn wir unsere Energie erhöhen, stößt diese mit einengenden Einstellungen zusammen. Dies kann unerwünschte Folgen haben.

INSPIRATION 35:
Wenn wir Zustände großer innerer Freiheit oder hoher Energie erreichen, bevor wir unsere Einstellungen geklärt haben, kann dies gefährlich für unsere psychische Gesundheit sein.

Von Abraham Lincoln stammt ein Zitat, das auf genau dieser Erkenntnis beruht: »Willst du den Charakter eines Menschen erkennen, so gib ihm Macht.« Macht, Freiheit, Kraft – allesamt Beispiele von Zuständen großer Energie – aktivieren in uns jene Eigenschaften, die wir nicht zeigen (können), solange wir in reduzierten Zuständen leben.

Was eine Möglichkeit *in einem schwachen Feld darstellt, wird zu einer* Wahrscheinlichkeit *in einem starken Feld und zu einer* Sicherheit *in einem Feld unendlicher Kraft.*
DAVID HAWKINS

Wenn Menschen zu schnell zu viel Freiheit erlangen, werden sie – wie in meinem Fall – aus scheinbar unerfindlichen Gründen aggressiv, unruhig und entwickeln abstruse Vorstellungen über sich selbst oder die Welt. Es kommt dann auch vor, dass Teile ihrer Persönlichkeit eine Art unkontrolliertes Eigenleben entfalten, das von der Gesamtperson nicht mehr in eine gesunde Psyche integriert werden kann.

In psychiatrischen Kliniken gibt es viele Menschen, bei denen genau dies eingetreten ist. Denn es gibt psychische Erkrankungen, die daraus resultieren, dass die betroffene Person Zugriff auf relativ hohe Energien erhalten hat, während noch Einstellungen vorhanden sind, die der letztendlichen inneren Freiheit im Wege stehen. Die Person kann diese hohe Energie dann nicht frei und produktiv in einen gesunden Alltag lenken, sondern entwickelt stattdessen häufig skurrile Selbst- oder Weltbilder, Verhaltensweisen, Zwänge und Marotten, die nicht mehr mit einem normalen Alltagsleben kompatibel sind. Aus diesem Grund ist es notwendig, dass wir einerseits lernen, unser *Element* in einen gesunden Alltag zu integrieren, und andererseits, dass wir an unseren Einstellungen bewusst arbeiten, wenn wir unser Leben wandeln und in unserem *Element* mit aller uns zur Verfügung stehenden Energie und Begeisterung leben wollen.

Ein anderer Mensch werden

Wie bereits oben erwähnt, können wir uns bei unserer Reise nach innen unserer inneren Einstellungen bewusst werden und Tore zu neuen Bewusstseinszuständen öffnen. Dabei kommt es regelmäßig vor, dass sich bestimmte negative Prägungen scheinbar zufällig von allein entspannen, aufweichen und manchmal ganz auflösen. Wenn wir beispielsweise im Inneren einen Ozean voller Liebe, Frieden oder Glück erfahren, können solche Erlebnisse und die Energien, die mit ihnen verbunden sind, unsere negativen Prägungen wie Angst, Frustrationen oder bestimmte negative Sichtweisen bereits wandeln. Es kann sein, dass durch diese tiefen Zustände Mechanismen ausgelöst werden, die uns aus unserer vorher bestehenden Struktur einfach »herausheben«.

Wir können durch bestimmte innere Erfahrungen tatsächlich über Nacht ein anderer Mensch werden.

Die Reise in die tiefen unerforschten Schichten unserer selbst ist für uns jedoch immer unvorhersehbar, und so sind die Auswirkungen auf unsere Alltagsprägungen nicht absehbar.

Die Wissenschaft bietet uns einige funktionierende Methoden zur Änderung unserer Einstellungen an. Aus der neuro-wissenschaftlichen Forschung zum Beispiel wissen wir, dass Begeisterung und andere emotionale Zustände uns darin unterstützen können, unsere Einstellungen zu verändern. Wie der bekannte Neurobiologe Gerald Hüther ausführt,[23] entwickeln wir unsere Haltung durch Erfahrungen, die uns sowohl kognitiv, emotional und mittels unserer vielfältigen Wahrnehmungswege prägen: Wenn wir mehrfach ähnliche Erfahrungen machen, entsteht aus diesem Erfahrungsbündel eine Art Meta-Erfahrung, die dann ursächlich ist für unsere spezifische Weltsicht sowie unseren Umgang mit der Welt.

Ein Beispiel: Wenn wir wiederholt negative Erfahrungen mit großen Hunden machen, die kleine Ohren haben, so kann die daraus resultierende Prägung wie folgt aussehen:
a. Bei großen Hunden mit kleinen Ohren werden wir vorsichtig – oder:
b. Bei allen großen Hunden werden wir vorsichtig – oder:
c. Bei allen Hunden werden wir vorsichtig – oder:
d. Wir werden insgesamt vorsichtig in unserem Leben.

In den meisten Fällen laufen solche Prägungen unbewusst ab. Das Resultat von derlei Meta-Erfahrungen sind festgefahrene Vorstellungen und starre Reaktionsmuster, aus denen wir oft für lange Zeit nicht herausfinden – selbst wenn sie bei objektiver Betrachtung vollkommen irrational sind.

Im genannten Beispiel wäre es vorteilhaft, wenn wir irgendwann lernten, dass beispielsweise große Hunde mit kleinen Ohren rein statistisch gesehen nicht negativer auffallen als große Hunde mit großen Ohren. Die dazugehörige Prägung erfolgt allerdings nicht auf der kognitiven, sondern auch auf der emotionalen Ebene. (Und sie kreiert ebenfalls eine »energetische Signatur« in unserem Energiesystem.)

Wenn wir unsere Einstellungen ändern wollen, reicht es daher in der Regel nicht aus, theoretisch beziehungsweise intellektuell zu verstehen, dass unsere Prägung irrational ist und wir uns anders verhalten könnten oder sollten.

Eine lediglich kognitive Einsicht wird in den meisten Fällen weder uns selbst verändern können noch hilft es, wenn wir auf rein kognitivem Weg Veränderungen bei anderen Menschen bewirken wollen. Unsere emotionale Seite braucht etwas anderes. Sie muss *erfahren,* dass sich diese Hunde auch anders verhalten können:

INSPIRATION 36:
Wenn wir unsere Einstellungen und Reaktionsmuster
nachhaltig verändern wollen, kann dies nur geschehen,
wenn wir gezielt Erfahrungen machen, die uns auf neue
Weise prägen.

Dieser Prozess heißt erfahrungsbasiertes Lernen. Nur im Zusammenspiel verschiedener Faktoren, die bei neuen Erfahrungen zusammenkommen, können wir unsere Prägungen, unsere Einstellungen und daraus resultierend unser Verhalten langfristig verändern. Unsere Begeisterung oder andere Emotionen spielen dabei eine entscheidende Rolle. Denn nur unter dem Einfluss von Emotionen führt eine neue Erfahrung auch zu einer Veränderung unserer Haltungen, Überzeugungen und Reaktionsmuster. Im Beispiel oben würde eine emotionslose Begegnung mit einem großen Hund mit kleinen Ohren vielleicht kein neues Erfahrungswissen in uns generieren. Wenn wir jedoch eine hoch emotionale Erfahrung machen, wenn wir begeistert oder tief berührt werden durch die Begegnung mit diesem Hund, so ist die Wahrscheinlichkeit, dass wir diese Erfahrung tatsächlich in neues Erfahrungswissen umwandeln können, um ein Vielfaches höher.

INSPIRATION 37:
Wir lernen am besten das, was »unter die Haut geht«,
was uns wirklich berührt![24] Nur wenn eine neue Erfahrung
eine starke emotionale Komponente besitzt, verfügt sie auch
über ein großes Veränderungspotenzial für unser Leben.

Begeisterung wirkt dabei – als eine sehr positive Emotion – wie Dünger auf unsere Gehirnzellen, der es ihnen erlaubt, gelebte Erfahrungen auch in ein *Erfahrungswissen* umzuwandeln. Um derart verändernde Erfahrungen machen zu können, benötigen wir jedoch die Offenheit, uns auf diese einzulassen, den Glauben daran, dass unser Leben verändert werden kann, sowie den Mut, der uns den Schritt zu einer neuen Erfahrung ermöglicht.

Wenn wir unsere Einstellungen verändern wollen, besteht eine gute Möglichkeit dafür darin, ins Wasser zu springen – unsere Komfortzone zu verlassen – und gezielt positive neue Erfahrungen zu sammeln.

Der Neurobiologe Gerald Hüther formuliert den Zusammenhang zwischen neuen Erfahrungen, Begeisterung und dem Willen, ins Wasser zu springen, sehr verständlich. Darum soll seine Beschreibung hier direkt wiedergegeben werden: »Alles, was Menschen hilft, was sie einlädt, ermutigt und inspiriert, eine neue, andere Erfahrung zu machen als bisher, ist gut für das Hirn und damit gut für die Gemeinschaft. Menschen, denen es gelingt, ihr Gehirn noch einmal auf eine andere als die bisher gewohnte Weise zu benutzen, bekommen ein anderes Gehirn. Menschen, die sich noch einmal mit Begeisterung für etwas öffnen, was ihnen bisher verschlossen war, praktizieren dieses wunderbare Selbstdoping für das eigene Gehirn. Die Wissenschaft nennt diesen Prozess Potenzialentfaltung. Es ist das genaue Gegenteil von dem, was die meisten Menschen gegenwärtig betreiben: bloße Ressourcennutzung.«[25]

Es gibt Menschen, die können allein auf diesem Weg alle positiven Erfahrungen sammeln, die sie benötigen. Sie haben von sich aus eine so positive Haltung dem Leben gegenüber, dass sie

> *Was immer du tun kannst oder träumst, es zu können, fang damit an.*
> JOHANN WOLFGANG VON GOETHE

ihren Weg zum *Element* mühelos finden – manchmal sogar, ohne groß danach zu suchen.

Die meisten Menschen haben jedoch zahlreiche Prägungen und daraus resultierende Einstellungen, die sie auf dem Weg zum eigenen *Element* behindern oder fehlleiten. Und der Versuch, allein durch immer neue Erfahrungen diese Prägungen und Einstellungen zu verändern, ist dann oft nicht ausreichend.

Es gibt gute Gründe, weshalb ein einmal antrainiertes Verhalten so schwer zu verändern ist. Viele Prägungen sitzen so tief, dass sie sich unserer bewussten Wahrnehmung entziehen. Daher können wir sie in den meisten Fällen auch nicht hinterfragen, sondern wir halten sie für die Wahrheit und glauben, die Welt sei nun einmal so. Unser eigenes Verhalten scheint dann die logische Reaktion auf die so erfahrene Außenwelt zu sein. Dabei ist es, wie bereits erwähnt, nur unser Blick auf die Welt, ein Blick durch gefärbte Brillengläser.

> *Man kann laufen,*
> *so weit man will,*
> *man sieht überall*
> *nur seinen eigenen*
> *Horizont.*
> MAX EYTH

So verhält es sich bei vielen unserer Einstellungen. Sie haben eine Art dunklen psychischen Unterbau. Dieser besteht beispielsweise aus unseren

➤ Traumata und Ängsten,

➤ Zwängen,

➤ Trieben,

➤ ungelebten Sehnsüchten,

➤ (oft reflexartigen) Reaktionen auf verschiedene Formen von Stress (der Art, wie wir uns in solchen Situationen Erleichterung verschaffen),

➤ Enttäuschungen und Frustrationen,

➤ inneren Urteilen sowie

➤ anderen oftmals automatisch ablaufenden Denk- und Verhaltensmustern.

Alle diese Strukturen basieren auf psychischen Reaktionsmustern, die wir in den meisten Fällen nicht oder nur wenig steuern können. Auch ist uns zumeist nicht bewusst, dass wir Denk- und Handlungsalternativen hätten. Wir alle haben einige oder viele dieser Strukturen, und die innere Arbeit, von der oben die Rede war, besteht zumeist darin, diese Muster aufzulösen.

> *Zwischen Reiz und Reaktion gibt es einen Raum. In diesem Raum hat der Mensch die Freiheit und die Fähigkeit, seine Reaktionen zu wählen. In diesen Entscheidungen liegen unser Wachstum und unser Glück.*
>
> VIKTOR FRANKL

Diese automatischen Reaktionsmuster sind die »Verhinderer«, von denen wir im Zusammenhang mit dem zweiten Schlüssel bereits einmal gesprochen hatten. Sie verhindern einerseits, dass wir das Gold aus unserer Tiefe bergen und genießen können. Und andererseits stehen sie uns oftmals im Weg, wenn wir unsere Begeisterung und unsere Talente zur vollen Entfaltung bringen wollen.

Bei genauerer Betrachtung liegen unseren Reaktionsmustern Schmerzreflexe zugrunde. Jede automatische, zwanghafte oder triebhafte Reaktion ist der Versuch, uns vor Schmerzen und Unannehmlichkeiten zu schützen.

Wenn wir unsere Einstellungen verändern wollen, gilt es daher, neue Wege zu finden, mit potenziell schmerzlichen Situationen umzugehen. Da wir unsere Schmerzreflexe aus guten Gründen erlernt haben, ist es aus therapeutischer Sicht in vielen Fällen nicht ausreichend, einfach nur zu neuen Meta-Erfahrungen zu raten, um diese tief sitzenden Reaktionsmuster zu verändern, sondern wir müssen sie auch durch andere Methoden verändern.

Wie lassen sich tief sitzende Reaktionsmuster verändern?

Die Psychologie und auch einige spirituelle Richtungen haben mittlerweile unzählige Methoden entwickelt, wie wir solche Reaktionsmuster verändern oder auflösen können. Dieses Buch soll und kann keinen Gesamtüberblick darüber bieten. Einige Methoden wollen wir uns hier jedoch genauer anschauen, und zwar diejenigen, die vornehmlich energetisch vorgehen. Wir kommen damit zurück auf Inspiration 29 und die Möglichkeit, auf energetische Weise psychische Heilungsprozesse oder Änderungen im Bewusstsein zu bewirken. Es sollen sechs Ansätze unterschieden werden:

1. Methoden zur Neuausrichtung von Gehirnströmen,
2. Methoden, die zu einem Reset, einer Neuausrichtung in größeren Teilbereichen unseres Energiesystems führen,
3. die Magie tief gehender Begegnungen in Empathie, Mitgefühl und Liebe,
4. spirituell geprägte Methoden, die spezifische Formen von Bewusstseinsenergie wie gezielte Achtsamkeit, Liebe oder die sogenannte Kundalini-Energie einsetzen,

5. Systemaufstellungen,
6. Methoden, die mit dem Quantenfeld arbeiten.

Die hier beschriebenen Methoden haben nicht direkt etwas mit unserer Seele oder unserem *Element* zu tun. Die wesentliche Herausforderung beim Finden und Leben unseres *Elements* besteht allerdings gerade darin, Transformationsprozesse erfolgreich zu durchlaufen. Die hier beschriebenen Methoden können genau solche Transformationen initiieren oder unterstützen. Daher erfüllt die Beschreibung der Methoden eine wichtige Aufgabe im Gesamtkontext des Buches und ist für einige Leser auf der Suche nach geeigneter Unterstützung hoffentlich hilfreich.

Alle diese Methoden haben gemeinsam, dass zur Heilung des menschlichen Energiesystems bestimmte Energien eingesetzt werden.

1. Methoden zur Neuausrichtung von Gehirnströmen

Einige psychotherapeutische Heilungsverfahren, wie EMDR (Eye Movement Desensitization and Reprocessing) und Wingwave, zielen darauf ab, Traumata, Ängste, Burn-outs und andere Störungen, die durch Stress oder Überbelastungen ausgelöst wurden, durch eine Synchronisierung unserer Gehirnhälften zu neutralisieren beziehungsweise aufzulösen. Auch Zwänge, Süchte und Trauerprozesse werden mit diesen Methoden oftmals erfolgreich behandelt.

Die grundlegende Idee dieser Methoden besteht darin, dass die natürlichen Verarbeitungsprozesse unseres Gehirns, die während der Traumphase ablaufen, auch im Wachbewusstsein genutzt werden können, um solche Störungen gezielt zu verarbeiten.

Wingwave basiert auf EMDR, beide Methoden funktionieren also ähnlich. Das zentrale Element ist identisch: Der Patient versetzt sich innerlich in eine Situation, die als stressbelastet erlebt wird. Gleichzeitig wird durch abwechselnde Aufmerksamkeit auf rechtsseitige und linksseitige Impulse die Traumphase der schnellen Augenbewegungen (REM – Rapid-Eye-Movement) simuliert. Dies erfolgt zum Beispiel durch einen Therapeuten, der Handbewegungen von rechts nach links, von links nach rechts usw. vor den Augen des Patienten ausführt. Die Augen des Patienten folgen diesen Handbewegungen, was zu der entsprechenden wechselseitigen Aktivierung der Gehirnhälften führt.[26] Es erscheint wie Magie oder ein kleines Wunder. Aber tatsächlich! Bereits nach wenigen Anwendungen können viele belastende Strukturen von uns abfallen – selbst wenn diese über Jahre oder gar Jahrzehnte wie in unsere Psyche einzementiert schienen. Insbesondere im Vergleich mit vielen der herkömmlichen psychotherapeutischen Ansätze, die wenig wirkungsvolle Werkzeuge für solche Störungen hatten, erzielen diese Methoden gerade bei der Behandlung von Posttraumatischen Belastungsstörungen, Ängsten und ähnlichen Problemen ausgesprochen große Erfolge. Studien zur Wirksamkeit dieser Methodik bei der Behandlung von Traumata und Posttraumatischen Belastungsstörungen haben die große Erfolgsquote wissenschaftlich bestätigt.

Die wissenschaftliche Forschung hat die Wirkungsweise der Methodik bestätigt. Ob der Wirkmechanismus tatsächlich durch eine Synchronisation der Gehirnhälften funktioniert, ist allerdings umstritten. Rein subjektiv fühlt sich der empfundene Effekt sehr ähnlich den unter b) erwähnten Methoden an. Daher wurden EMDR und Wingwave auch hier unter den energetischen Methoden mit aufgenommen.

2. Methoden zum Reset größerer Teilbereiche des Energiesystems

Wir hatten bereits erwähnt, dass das Energiesystem des Menschen aus vielen Energiebahnen (Meridianen) besteht. Methoden wie Akupunktur oder Akupressur aktivieren bestimmte Punkte dieser Meridiane, um nachweisbare körperliche Reaktionen wie Schmerzlinderung hervorzurufen.

Vor einigen Jahren wurde in den USA entdeckt, dass durch eine Aktivierung dieser Meridiane unter vorgegebenen Bedingungen auch psychische Störungen wie Traumata, Ängste, Schuld, Scham und Ähnliches gelindert oder beseitigt werden können. Der wichtigste Teil der Methode umfasst ein Klopfen auf bestimmte Meridianpunkte, während sich der Klient innerlich in eine Situation begibt, die ihn psychisch belastet.

Auf der Grundlage dieses Prozesses sind im Laufe der Jahre verschiedene einander ähnelnde Techniken entwickelt worden. Die im deutschsprachigen Raum bekanntesten heißen EFT (Emotional Freedom Technique) und MET (Meridian-Energie-Techniken).

Die Methoden 1 und 2 haben meiner Ansicht nach vieles gemeinsam, und oft erscheint es wie ein Wunder oder Magie, wenn durch kleine Bewegungen oder Klopftechniken in Verbindung mit einfachen inneren Visionsübungen psychische Veränderungen eintreten, die zum Teil sehr umfangreich sein können. Im Grunde sind die Auswirkungen jedoch nicht verwunderlich. Oben hatten wir erfahren, dass aus neurowissenschaftlicher Sicht Erfahrungen entstehen, indem diese in uns eingeprägt werden. Dass solche Prägungen auch mit einer energetischen Veränderung im Energiesystem des Menschen verbunden sein müssen, dürfte offensichtlich sein. (Wir erinnern uns: Bewusstsein ist auch nichts anderes als eine Energieform!)

Offensichtlich ist dann auch, dass eine solche energetische Signatur positiv oder negativ ausfallen kann – und grundsätzlich auch (zu unseren Gunsten) energetisch beeinflussbar sein wird.

Die in 1 und 2 besprochenen Heilverfahren sind eine Antwort, wie dies erfolgen kann.

3. Die Magie tief gehender Begegnungen in Empathie, Mitgefühl und Liebe

Wir alle wissen, wie hilfreich es manchmal ist, wenn wir jemanden haben, der einfach für uns da ist, ganz bei uns ist, unsere Trauer teilt oder uns seine ganze Liebe und Aufmerksamkeit schenkt. Dies kann ganz besonders hilfreich sein in Zeiten, in denen wir Kummer oder anderen seelischen Schmerz haben.

Empathie, Mitgefühl und eine zugewandte Aufmerksamkeit innerhalb einer gemeinsamen, geteilten Gefühlsbasis sind

Wenn du willst, dass andere glücklich sind, praktiziere Mitgefühl. Wenn du willst, dass du selbst glücklich bist, praktiziere Mitgefühl.

TENZIN GYATSO,
XIV. DALAI-LAMA

157

sehr effektive Möglichkeiten, jemand anderem ein Stück seiner Last abzunehmen.[27]

Solche einfachen zwischenmenschlichen Begegnungen, bei denen wir uns in der Tiefe treffen, sind – so simpel sie erscheinen mögen – vielleicht eines der effektivsten Mittel, um hinderliche energetische Strukturen (mit Liebe und Mitgefühl beziehungsweise Empathie) aufzulösen.

Gesprächstechniken wie die *Gewaltfreie Kommunikation (GFK)* machen sich diesen Sachverhalt explizit zunutze, um in schmerzbeladenen Gesprächssituationen überhaupt erst eine Basis und Möglichkeit für Gespräche zu schaffen.[28]

Es gibt eine schöne Geschichte über den indischen Heiligen Ramana Maharshi und eine Frau, die zu ihm geführt wurde. Die Frau hatte einige Monate zuvor bei einem tragischen Unfall ihren Mann und ihre drei Kinder verloren. Sie war daraufhin in eine tiefe Trauer gefallen. Die Tage verbrachte sie weinend und wehklagend. Mehrfach war sie von ihren Verwandten bereits zu Ärzten und Heiligen gebracht worden – nichts vermochte ihren Zustand auch nur im Geringsten zu verändern. Als sie zu Ramana Maharshi geführt wurde, sah dieser sie eine Weile an und begann sodann, mit ihr zusammen zu weinen. Gemeinsam weinten sie eine halbe Stunde. Daraufhin ging die Frau nach Hause. Sie war von ihrer Trauer geheilt und konnte wieder ein normales Leben führen.

> *Wenn zwei Personen aufeinandertreffen, ist dies wie der Kontakt zweier chemischer Substanzen: Wenn es eine Reaktion gibt, werden beide transformiert.*
> ANGELUS SILESIUS

4. Methoden, die spezifische Arten von Bewusstseinsenergie verwenden

Bevor die Psychologie als Wissenschaft begründet wurde, wurde in allen spirituellen Richtungen die Problematik erkannt, dass unsere individuellen Schattenseiten oftmals einer intensiven Vertiefung im Wege standen. Alle spirituellen Richtungen haben im Laufe der Jahre unterschiedliche Methoden entwickelt, wie hiermit umgegangen werden kann und unsere »Dunkelheit« durch verschiedene Praktiken beleuchtet und nach und nach mit Licht erfüllt werden kann.

Liebe ist transformativ; ihre Kraft fegt alle Hindernisse hinweg.
DAVID HAWKINS

In vielen Richtungen der christlichen und Sufi-Mystik wurde und wird hierbei gezielt mit Liebe als spezifischer Energieform gearbeitet. Dahingegen verwenden viele buddhistische Richtungen traditionellerweise gezielt Achtsamkeit, liebevolle Aufmerksamkeit oder Mitgefühl. Einige Hindu- und viele Tantra-Richtungen haben ausgeklügelte Methoden entwickelt, die sogenannte Kundalini-Energie zur Reinigung des gesamten Energiesystems einzusetzen. Und zahlreiche spirituelle Pfade arbeiten in ähnlicher oder ergänzender Form mit himmlischer Gnade – einer Energieform, die von oben über das oberste Chakra kommend erfahren werden kann.

Auch nur ansatzweise beschreiben zu wollen, wie diese verschiedenen spirituellen Richtungen und die zahlreichen mit ihnen verbundenen Techniken funktionieren, würde den Rahmen dieses Buches sprengen. Beispiele für die Arbeit mit diesen Energieformen sind in den Anmerkungen zu finden.[29]

Wichtig ist die Feststellung, dass in allen diesen Richtungen spezifische Energieformen eingesetzt werden, um Blockaden und starre Strukturen in unserem Energiesystem aufzulösen und damit den dauerhaften Zugang zu Zuständen hohen Bewusstseins frei zu räumen. Dies wurde über Jahrtausende in sehr vielen Kulturen erfolgreich praktiziert und gelebt.

INSPIRATION 38:

Spezifische Formen von Bewusstseinsenergie, wie Liebe, Achtsamkeit, Gnade und die sogenannte Kundalini-Energie, können gezielt eingesetzt werden, um energetische Blockaden zu lösen und damit psychische (und auch körperliche) Heilungsprozesse einzuleiten oder zu unterstützen.

Es gibt viele weitere Methoden und Praktiken, wie in heilender Weise mit spezifischen Energien gearbeitet werden kann. Hierzu gehören Heilungsformen wie Reiki, Prana-Heilung und diverse ähnliche energetische Methoden. Auch viele Gebetsformen und Mantras sind in diese Kategorie einzuordnen. Oft stellen Gebete beispielsweise eine sehr schöne Verbindung zu Liebe oder Gnade her, während Mantras jeweils einen Zugang bieten zu der Energieform des Wortes oder der Wörter, die sie selbst darstellen.

Alle diese Energieformen sind nach einer Zeit des Übens und Praktizierens fühlbar, erfahrbar und in einem fortgeschrittenen Stadium letztlich bis zu einem gewissen Grad auch bewusst steuerbar und übertragbar.

5. Systemaufstellungen

Bei Systemaufstellungen geht es um das Erkennen und Auflösen von negativ wirksamen Beziehungsstrukturen. Wir können zu anderen Personen, zu Anteilen von uns selbst, zu Verstorbenen, zu Problemen und Situationen, zu Ereignissen, zu belebten, leblosen und abstrakten Dingen in Beziehung stehen. Für alle diese Beziehungen können Wirkmechanismen erkannt und ungewünschte Faktoren aufgelöst werden. Die Heilung erfolgt dann oftmals nicht nur für die Einzelperson, sondern auch für viele weitere Personen und Bestandteile, die mit dem System der Person zu tun haben.

Es gibt verschiedene Ausgestaltungen und Einsatzgebiete der Methode. Im Allgemeinen werden Personen oder Gegenstände repräsentativ für wirksame Elemente eines Systems oder einer vorhandenen Struktur in einem Raum zueinander positioniert beziehungsweise aufgestellt.

So können beispielsweise für relevante Familienangehörigen oder Arbeitsbeziehungen sogenannte Stellvertreter auf verschiedene Positionen in einem Raum gestellt werden. Stellvertreter sind etwa andere Personen, die sich zur Mitarbeit bereit erklären. Diese Positionen können jedoch auch durch leblose Objekte dargestellt werden. Der Patient (oder Auftraggeber) entscheidet darüber, welche Anordnung sich stimmig anfühlt. Zumeist gibt es einen Moderator, Gastgeber oder Therapeuten, der die stattfindende Arbeit anleitet.

Je nach Ansatz der Arbeit können ebenfalls andere (lebendige oder leblose) materielle oder abstrakte Systemelemente, die für das System relevant sind, eine eigene Position erhalten und aufgestellt werden. Beispiele solcher Systemelemente sind: Probleme, innere und äußere Wirkfaktoren, eigene Persönlichkeitsanteile, Hindernisse, Krankheiten, Ziele, vorhandene Ressourcen, Energien, Ideen, Nutzenaspekte, Körperteile, zukünftige Aufgaben, Medikamente, Behandlungen und sogar unbekannte Wirkfaktoren. Auf diese Weise entsteht das sogenannte *Erstbild*. Es wird zunächst dahingehend hinterfragt,

➤ wer mit wem in welcher Weise in Beziehung steht,

➤ welche Wirkungen die einzelnen Positionen (Stellvertreter beziehungsweise Repräsentanten) aufeinander haben und

➤ welche Einsichten und Anregungen der Patient beziehungsweise Auftraggeber aus diesen Erkenntnissen erlangen kann.

Auf diese Weise wird das *System* oder die *Struktur* deutlich, in welchem/welcher sich der Patient befindet. Die Stellvertreter können sich in die eingenommene Position hineinfühlen, was dazu führt, dass sie tatsächliche Wahrnehmungen der repräsentativ dargestellten Person erfahren. Man spricht in diesem Kontext vom Phänomen des sogenannten *wissenden Feldes* und daraus resultierend von einer *repräsentierenden Wahrnehmung*. Auch Objekte können bestimmte im System wirksame Kräfte erfahren, die durch den Stellvertreter wahrgenommen werden können. Auf diese Weise wird die Situation oft noch weitgehender verstanden.

Durch Veränderung der Positionen und (angeleitete) Interaktion der Stellvertreter miteinander kann eine Dynamik stattfinden, die oft sehr heilsame Wirkung auf Unstimmigkeiten, innere und äußere Konflikte sowie problematische Beziehungen innerhalb des Systems hat. Stellvertretend können auf diese Weise zum Beispiel (auch vergangene) Familienverstrickungen und innere Ablaufmuster erkannt und die negativ wirksame Dynamik geheilt werden.

Auch diese Methode mutet wie eine Art Magie an. Durch stellvertretende Arbeit werden Beziehungsprobleme gelöst, innere Knoten verschwinden, und wir können eine erhebliche neue Freiheit gewinnen.

6. Methoden, die mit Energiefeldern wie dem Quantenfeld arbeiten

Physikalische Energie formt Felder (magnetische Felder, Gravitationsfelder, elektrische Felder usw.). Genauso verhält es sich mit Bewusstseinsenergie.

INSPIRATION 39:

Bewusstseinsenergie formt energetische Felder, die wahrnehmbar sind und zur Unterstützung von Transformations- und Heilungsprozessen genutzt werden können.

Man könnte diese Felder Bewusstseinsfelder nennen. Viele von uns wissen, dass wir am Arbeitsplatz oft besser und konzentrierter arbeiten können als beispielsweise in unserem Schlafzimmer. Am Arbeitsplatz sind wir oft umgeben von vielen anderen Menschen, die mit ähnlich gearteter Arbeit beschäftigt sind. Viele Studierende gehen zum Lernen gezielt in die Universitätsbibliotheken, weil ihnen

> *Energie folgt der Aufmerksamkeit.*
> WERNER HEISENBERG

hier das Lernen am leichtesten fällt. Auch hier treffen sie auf eine Umgebung vieler anderer Menschen, die in ähnlicher Weise gedanklich arbeiten.

Solche Bewusstseinsfelder finden wir überall: In Fußballstadien fällt es uns besonders leicht, uns vom Geschehen auf dem Platz und der konzentrierten Aufmerksamkeit Zehntausender Menschen mitreißen zu lassen. Viele Menschen suchen Wälder und (unberührte) Natur nicht nur deshalb auf, weil dort die Luft besser ist. Unser Bewusstsein verändert sich in der freien Natur, weil wir hier ein anderes Bewusstseinsfeld betreten als in einer Stadt. Besonders in alten Kirchen, Kathedralen, Klöstern, Meditationszentren oder Tempeln treffen wir auf Räume, die Menschen über lange Zeit für Gebet, Meditation und Hinwendung zum Göttlichen genutzt haben. Wenn wir solche Plätze betreten, führt dies bei vielen Menschen ebenfalls zu einer subjektiv wahrnehmbaren Veränderung des Bewusstseins.

Wir alle nehmen diese Bewusstseinsfelder wahr – auch wenn wir sie vielleicht nicht so benennen würden. Und wir fühlen uns (für bestimmte Tätigkeiten) von gewissen Plätzen angezogen, an denen bestimmte Bewusstseinsfelder vorherrschen.

Es ist möglich, diese bei jedem Menschen vorhandene Wahrnehmung weiter auszubilden. Dann sind die genauen Qualitäten von Bewusstseinsfeldern für uns leichter einzuschätzen und bei weiterer Übung auch für heilerische und transformatorische Zwecke einsetzbar.

Es gibt zahlreiche energetische Heilmethoden, bei denen der Behandelte direkt oder indirekt an energetische Bewusstseinsfelder angeschlossen wird. Letztlich schafft jede Energie auch ein Energiefeld, sodass die unter 5. genannten Methoden nur Spezialfälle der hier beschriebenen Verfahren darstellen. Einige Methoden versuchen jedoch, explizit die Wirkung sehr weitläufiger Energie- beziehungsweise Bewusstseinsfelder zu nutzen. In diesem Zusammenhang sind als Beispiele zu nennen: Matrix

Energetics, Quantenheilung, Theta Healing oder Arbeiten im Bewusstseinsfeld. Diese Methoden basieren darauf, dass sich der oder die Behandelnde an ein möglichst universelles oder ursächliches Feld anschließt.[30] Dies kann erfolgen, indem ein Bewusstseinszustand hervorgerufen wird, der mit diesem Feld verbunden ist.

Wir wissen von physikalischen Energiefeldern, dass ihre Gesetzmäßigkeiten abhängig sind von der Menge an vorhandener Energie. Dies gilt gleichermaßen für energetische Bewusstseinsfelder. Auf der Energieebene dieser universellen Felder gelten andere Gesetzmäßigkeiten als auf der Energieebene unseres Alltagsbewusstseins. Es können auf dieser Ebene Transformations- und Heilungsprozesse unter Umständen spontan angestoßen und manchmal direkt oder sehr kurzfristig durchlaufen werden.

Als ich an einem seiner Seminare teilnahm, nutzte Richard Bartlett, der Begründer von *Matrix Energetics*, dieses Bewusstseinsfeld, um einige körperliche Heilungsprozesse in mir anzustoßen. Auf der rein materiellen Ebene gab es dabei keinen Körperkontakt – manchmal noch nicht einmal Blickkontakt. Und dennoch merkte ich deutlich, wie beispielsweise bei der Heilung meiner Rückenprobleme mein Nacken anfing zu knacken und sich im Nackenbereich spontan etwas neu justierte. Das Knacken und das Gefühl einer Verschiebung traten auch in den nächsten Tagen noch einige Male auf, bis meine Rückenschmerzen gänzlich verschwunden waren.

Auch bei diesen Methoden gilt, dass körperliche und psychische Heilung oftmals parallel zueinander erfolgen.

Psychische, mentale und verhaltensmäßige Reaktionsmuster lassen sich durch die hier aufgezeigten Methoden nach und nach auflösen. Hierbei ist es nicht notwendig, alle Reaktionsmuster in uns aufzulösen, um in unser *Element* zu kommen. Je intensiver wir jedoch in unserem *Element* leben und je höher unser Energieniveau ist, desto dringlicher ist auch die Notwendigkeit für eine Form innerer Arbeit, die unflexible Reaktionsmuster aufzulösen vermag.

Wie ich in mein Element zurückfand

Nach meinen intensiven inneren Erfahrungen während und nach dem Retreat in der christlichen Gemeinschaft brauchte ich einige Jahre, um diese zu verstehen und in einen normalen Alltag integrieren zu können. Mein Element konnte ich erst nach langer Suche wiederfinden.

Es gab eine Reihe von Faktoren, die mir sehr geholfen haben, meine Erfahrungen zu integrieren. Zum einen waren dies die intellektuelle Aufarbeitung und das Ringen um ein intellektuelles Verständnis der Zusammenhänge dessen, was mit mir geschehen war. Und andererseits war es die Arbeit mit und für andere Menschen, die mich bodenständiger und bescheidener hat werden lassen.

Mein Element finde ich heute an anderer Stelle als zuvor. Es ist jetzt nicht mehr die individuelle Erfahrung der Tiefe, die mich in mein Element bringt. Vielmehr ist es ein Teilen dieser Tiefe in Wahrhaftigkeit, das mich innerlich erfüllt und beseelt.

Über die Jahre habe ich erfahren, dass Menschen eine Art Rahmen benötigen, wenn dieser Zugang im Alltag nicht sofort wieder verloren gehen soll. Und dieser Rahmen ist auch notwendig, um die intensiven Erfahrungen mit unserer Seele und göttlichen Essenz innerlich einordnen und für ein gesundes Alltagsleben umsetzen zu können.

Spirituelle Traditionen erfüllen oftmals einen solchen Rahmen.

Für Menschen, denen dieser Weg nicht offensteht, kann es sinnvoll sein, das eigene *Element* wirklich zu verstehen. Dies kann Anhaltspunkte bieten, um innere Erfahrungen einordnen zu können. Denn das Verständnis unseres *Elements* umfasst die wesentlichen Erkenntnisse, wie wir ein erfüllendes, erfolgreiches und bodenständiges Leben führen können. Und außerdem umfasst es unsere naturgegebene Begabung, Begeisterung, Berufung und Aufgabe. Wenn wir unser *Element* leben, erfüllen wir in dieser Welt die tiefen Wünsche unserer Seele nach Ausdruck, Sinn, Hingabe, Einheit und Rückverbundenheit. Und dies ist dann ein Dienst an uns selbst, an der Welt und an der tiefsten Essenz.

Die Seele zum Klingen bringen

Wir haben in diesem Buch die drei wesentlichen Aspekte, derer es bedarf, um in unser Element zu kommen, kennengelernt und Einblicke erhalten, wie wir diese finden können:

➤ eine Ausrichtung auf unseren Lebenssinn (durch den wir eine Form von Seelennahrung erhalten),

➤ die Nutzung unserer naturgegebenen Talente (tun, was uns in die Wiege gelegt wurde und unsere Einmaligkeit zum Ausdruck bringt),

➤ Leben, was unser Herz erfüllt, was uns begeistert und beseelt (dies verschafft uns die Lebens- und Bewusstseinsenergie und führt zu herzerfülltem Flow).

Damit wir Zugang zu diesen drei Aspekten erlangen und sie in unser Leben integrieren können, ist unsere innere Einstellung ein wichtiger Faktor, den es zu berücksichtigen gilt. Denn diese kann den Gesamtprozess behindern, untergraben oder auch sehr hilfreich unterstützen.

> *Unser Körper ist*
> *die Harfe unserer Seele.*
> KHALIL GIBRAM

Als wir Flow-Erfahrungen mit

dem *Element* verglichen haben, haben wir bereits beschrieben, dass wir in unserem *Element* langfristig nur dann leben können, wenn diese drei Aspekte zusammenkommen.

Doch woran merken wir, ob wir wirklich in unserem *Element* angekommen sind?

Wenn wir es schaffen, unser *Element* zu finden und dieses zumindest gelegentlich in unserem Alltag zu leben, erleben wir hierdurch eine große Leichtigkeit. Unser Tun im *Element* muss nicht immer voller Spaß und Vorfreude bei jedem einzelnen Schritt erfolgen. Manchmal kann auch unser Leben im *Element* von uns Disziplin und sogar ein »Durchbeißen« erfordern.

> *Jeder Mensch gleicht einem Musikstück mit einem individuellen Ton und einem eigenen Rhythmus.*
>
> HAZRAT INAYAT KHAN

Insgesamt erhält unser Geist, unsere Seele, unser Wesen jedoch durch Tätigkeiten in unserem *Element* eine feine, ganz spezielle Nahrung, einen Elan, der sich anders anfühlt als bei »normaler« Arbeit oder nach herkömmlichen Erfolgserlebnissen.

Irgendetwas in uns wird »angehoben«, belebt und energetisiert durch all das, was wir in unserem *Element* machen. Wenn wir in unserem *Element* im Einklang mit der Melodie der Welt leben, dann singen wir das *Lied unserer Seele* im Gesamtkonzert des Lebens.

Klassische Traumbilder, die diesem Zustand entsprechen, sind Träume, in denen wir singen oder musizieren. Insbesondere wenn dies als harmonischer Teil einer Musikgruppe oder sogar eines Orchesters erfolgt, kann das oft bedeuten, dass wir gerade unsere ganz persönliche Note im Gesamtkonzert des Lebens erfolgreich gespielt haben.

So erging es auch mir beim Schreiben dieses Buches. Durch zahlreiche Träume wurde ich immer wieder auf die Wichtigkeit der Fertigstellung dieses Buches hingewiesen. Und auch wenn mir das Schreiben immer wieder Disziplin abforderte, erhielt ich gelegentlich solche Musikträume, wenn ich diese Aufgabe wahrnahm. Die Begeisterung kommt irgendwann wieder von ganz allein.

Das Element in den Alltag bringen

Für einige Menschen stellt es kein Problem dar, ihr *Element* direkt im Alltag umzusetzen. Sie wissen, was ihrem Leben Sinn verleiht und wo ihre Talente und Begeisterung liegen, und sie gehen zielstrebig in die Richtung, die ihnen passend erscheint. Über kurz oder lang sind sie dann genau dort: in ihrem *Element*.

Für andere ist der Weg ins *Element* trotz aller Kenntnis ihrer selbst mit großen Schwierigkeiten verbunden. Es kann zahlreiche Faktoren geben, die verhindern, dass wir unser *Element* zum Teil unseres Lebens machen können. Nicht selten bedarf es hierzu einer Umgestaltung unseres Alltags, denn der Alltag verlockt uns gerne, unsere eigene Spur und unsere Seelentiefe zu verlassen. Gleichzeitig aber brauchen wir ihn, damit etwas in uns kristallisiert, abgehärtet wird und zur Vollendung gelangt.

Wie bei einer chemischen Reaktion mit der Atemluft reagiert unsere Tiefe auf den Alltag in besonderer Weise. Wer einmal ein intensives Meditationsretreat erlebt hat und dann zurück in den Alltag kommt, wird wissen, wovon ich spreche. Ansatzweise Ähnliches erleben wir auch, wenn wir einige Wochen Urlaub gemacht haben, uns (hoffentlich) tief entspannen und erholen konnten und dann am ersten Arbeitstag regelrecht geschockt sind von dem Bewusstsein und den Energien, auf die wir treffen: Manchmal erfolgt der Wiedereintritt in die »Umlaufbahn unseres Alltags« holprig, und unsere eigene Tiefe kann in direkten Konfrontationskurs mit den Anforderungen unseres Alltags gehen.

> *Erklimme deine persönlichen Berge! Nicht damit dich die Welt bewundert, sondern damit du die Welt bewundern kannst.*
> CHRISTIAN BISCHOFF

Einige Menschen entscheiden sich dann, doch lieber ganz aus möglichst vielen Notwendigkeiten des Alltags auszusteigen. Ob als Globetrotter, der wenig Geld braucht, als (Vor-)Ruheständlerin oder Dauerarbeitsloser – Möglichkeiten zum partiellen oder kompletten Ausstieg gibt es viele. Als vorübergehende Lösung kann ich dies sehr wohl nachvollziehen, und ein solcher Schritt kann auch sehr förderlich sein. Doch wenn wir wirklich in unser Element, unsere Lebenskraft und unser Potenzial hineinwachsen wollen, so wird uns dies in aller Regel früher oder später zurück in einen belebten Alltag führen und uns dazu veranlassen, auch in der äußeren Welt etwas zum Ausdruck bringen zu wollen, was unserer Einzigartigkeit entspricht.

Wenn wir unsere Tiefe mit einem anspruchsvollen Alltag und ebensolchen Zielen in Einklang bringen können, wird dies in uns genau jene Prozesse anstoßen, die unsere Entwicklung beflügeln.

Unser inneres Licht

Es gibt ein Licht, das weiter strahlt
als alle Dinge auf Erden,
weiter als wir alle,
weiter als der Himmel,
weiter als der höchste Himmel.
Es ist das Licht, das in Ihrem Herzen
strahlt.
Upanishaden

Die Reise nach innen führt uns zu den Schätzen in unserer Tiefe, zu den Facetten unseres wahren Selbst. Durch inneres Forschen erhalten wir Zugang zu Möglichkeiten in uns, die wir zuvor nicht kannten. Durch die Arbeit an unserem Schatten, unserer inneren Dunkelheit, transformieren wir diese, damit unser inneres Licht erstrahlen kann.

> *Nichts kann das Licht dimmen, das von innen erstrahlt.*
> MAYA ANGELOU

Es ist die intensive Wahrhaftigkeit unserer tiefsten Essenz, die wir auf der Suche nach unserem

Element finden können. In dieser Wahrhaftigkeit liegt unsere wahre Größe und Menschlichkeit.

Unsere wahre Größe stellt sich dabei nicht über andere und braucht sich auch nicht mit anderen zu vergleichen. In unserem *Element* strahlen wir aus unserer ureigenen Kraft, die auf natürliche und harmonische Weise verbunden ist mit der uns umgebenden Welt.

Den wahren Platz in unserem Leben finden wir nur, wenn sein Fundament tief in unserem Wesen verwurzelt ist. Dabei ist kein Ziel zu hoch, kein Weg zu weit und keine Liebe zu süß. Unser zwischenzeitliches Scheitern ist immer wieder Teil des Prozesses. Und manchmal ist der Versuch wichtiger als der Erfolg.

In unserem *Element* leben wir, wenn wir die Offenheit, Wahrhaftigkeit und Menschlichkeit unseres tiefen Seins mit einem ausgefüllten äußeren Leben in Einklang bringen. Wir versuchen, die Wahrheit unserer tiefsten Essenz zum Ausdruck

> *Das, was du am meisten wünschst, das, was du suchst auf allen deinen Reisen – verliere dich selbst, wie Liebende sich verlieren, und du wirst Es sein.*
>
> ATTAR

zu bringen – bis irgendwann jeder Akt und jeder Atemzug durchtränkt ist von einem Bewusstsein unserer Seele und des Göttlichen. Und manchmal öffnet sich die nächste Tür auf unserem Weg nicht durch unseren Erfolg, sondern gerade dadurch, dass wir all unsere Bemühungen aufgeben und uns hingeben.

Über uns hinauszuwachsen bedeutet, in letzter Konsequenz nicht mehr wir selbst zu sein. All das, was uns genial macht, erfolgt durch den Zugriff auf Bereiche, die jenseits unseres Intellektes, unserer Kontrolle, unserer Identität und oftmals auch jenseits unseres Bewusstseins liegen. Denn was immer wir als unser Licht bezeichnen – was ist dieses im Vergleich mit dem universellen oder göttlichen Licht?

It is only when you realize your nothingness, your emptiness, that God can fill you with Himself. Souls of prayer are souls of great silence.
MUTTER TERESA

Unser inneres Licht strahlt dann am schönsten, wenn es eins geworden ist mit dem großen Licht, das uns alle umfasst, durchdringt und erfüllt. Und dies ist kein lethargischer Zustand, sondern höchste Energie. Eine Hochgeschwindigkeit, die auch mit einem engagierten Handeln in der Welt einhergeht – während wir tief im Sein ruhen. Auf diese Weise verbinden wir unsere individuellen Aufgaben in unserem Leben und Alltag mit der tiefen Stille unserer wahren Existenz.

Unsere wahre Bedeutung und unser
wahres Potenzial finden wir nicht in unserer
individuellen Exzellenz,
sondern in der Hingabe an das Höchste.

So bringen wir das Formlose
in die Form,
die wir Leben nennen.

So wird unser Leben
zum Echo unserer tiefen Stille
als unser Klang in dieser Welt.

So werden wir
zu einer Duftnote im Wind,
einem Vakuum mit Geschmack.

Zu der Erinnerung,
die diese Welt beatmet
und inniglich zusammenhält.

So können Sie vorgehen

... wenn Sie Ihre Seele zum Klingen bringen möchten:

✓ Finden Sie einen Weg in Ihre Tiefe! Wie kommen Sie in Zustände, in denen Sie Zugang zu Ihrem intuitiven, (tiefen-) entspannten, wahrhaftigen, wissenden, vielleicht sogar mystischen Potenzial erhalten – Ihrem wahren Selbst? Finden Sie eine Technik, um die sonst unbewussten Seiten Ihrer selbst erreichen zu können.

✓ Praktizieren Sie diese Technik täglich! Nur wenn Sie sich regelmäßig mit Ihrer Tiefe verbinden, holen Sie sie wirklich in Ihr Leben.

✓ Genießen Sie diese Technik und den Zugang, der hierdurch möglich wird. Dies ist erheblich vorteilhafter, als wenn Sie für die Technik Disziplin aufwenden müssen. Disziplin kann manchmal dennoch hilfreich sein.

✓ Laden Sie die Schätze Ihrer Tiefe in Ihr Leben ein! Die sieben Schlüssel hierfür sind:

➤ Sehnen Sie sich nach ihnen.

➤ Schätzen Sie sie wert, und genießen Sie sie. Seien Sie dankbar.

➤ Suchen Sie Einfachheit, und verringern Sie Komplexitäten, indem Sie sich auf das ausrichten, was essenziell ist und wirklich benötigt wird.

➤ Teilen Sie die Schätze Ihrer Tiefe.

➤ Folgen Sie der Spur Ihres Schmerzes und Ihrer Trauer.

➤ Erlauben Sie sich Ihre erwachsene Hilflosigkeit.

➤ *Lauschen Sie*, und halten Sie die *Lücke (aus)*. Schaffen Sie *Leere* für Besinnung.

➤ Soweit Sie es können: Lieben Sie bedingungslos – auch und gerade sich selbst inklusive all jener Anteile, die Sie vielleicht nicht an sich mögen.

✓ Beantworten Sie für sich die vielleicht wichtigste Frage in Ihrem Leben: Was gibt Ihrem Leben Sinn? Was ist für Sie in Ihrem Leben wirklich von Bedeutung? Was wollen Sie vielleicht unbedingt (noch) erleben oder erreichen? Wohin zeigt Ihr innerer Kompass? Was ist die Geschichte, die Ihr Leben erzählen kann, soll oder muss?

Hier sind vier Möglichkeiten, um Antworten auf diese Fragen zu finden:

➤ Sie haben ein direktes Wissen, wohin Ihr Weg führt.

➤ Ihre Gefühle und Ihre Sehnsucht können Wegweiser sein.

➤ Sie können sich fragen, wo Sie gefordert sind, sich Ihrem Alltag oder Ihrem Schicksal zu stellen.

➤ Sie können herausfinden, was Ihnen zu Herzen geht.

✓ Finden Sie heraus, wo Ihre natürlichen Talente liegen, zum Beispiel mit

➤ dem StrengthsFinder 2.0,

➤ indem Sie Ihr Umfeld befragen oder

➤ mittels vieler anderer Wege, die Ihnen Hinweise geben können: von Astrologie bis zu Persönlichkeitstests.

✓ Werden Sie sich darüber klar, welche Aktivitäten Sie vom Herzen her begeistern. Wann werden Sie wirklich lebendig? Was lieben Sie zu tun? Welche Aktivitäten, Plätze, Gegenstände oder Rollen ziehen Sie wie magisch an? Und wann kommen Sie automatisch in sogenannte Flow-Zustände?

✓ Kinder sind voller Begeisterung und haben wenige hinderliche Einstellungen. Niemals lernen wir so viel wie in der Kindheit. Schenken Sie Ihren kindlichen Seiten Wertschätzung, und bauen Sie sie aus! Denn wenn Sie diesen Zustand ansatzweise erreichen, ist der Weg zum *Element* nur noch ein kleiner Schritt.

✓ Suchen Sie nach der Schnittmenge aus
  ➤ dem, was Ihrem Leben Sinn verleiht,
  ➤ den Aktivitäten, in denen Sie von Natur aus gut sind,
  ➤ und den Bereichen Ihrer Begeisterung.

✓ Unsere Einstellungen bestimmen unseren ganz individuellen Blickwinkel auf die Welt. Arbeiten Sie an Ihren Einstellungen, und versuchen Sie immer wieder, neue Blickwinkel für Ihr Leben und Ihr Selbstbild zuzulassen.

✓ Versuchen Sie Lösungen zu Missständen und Herausforderungen nicht nur im Außen, sondern auch in Ihrem Inneren zu suchen.

✓ Suchen Sie hierfür gezielt und regelmäßig neue Erfahrungen jenseits Ihrer Komfortzone, die Sie voller Begeisterung und Neugier erleben möchten. So können Sie alte (einengende) Prägungen auflösen und durch neues Erfahrungswissen Ihre Einstellungen positiv verändern.

✓ Unsere automatisch ablaufenden Reaktionsmuster liegen

vielen behindernden Einstellungen zugrunde. Finden Sie eine für Sie stimmige und passende Methode und gegebenenfalls Unterstützung, um an diesen Reaktionsmustern gezielt zu arbeiten. Viele energetische Methoden wurden im Buch genannt.

✓ Begeben Sie sich gelegentlich gezielt in ein Umfeld, in dem Sie für einige Zeit nach innen gehen können, um Aspekte Ihres Lebens zu hinterfragen und Ihr Energieniveau anzuheben. Eine Auszeit zur individuellen Einkehr oder eine intensive Gruppenzeit mit guten Gruppenleitern sind hierfür die besten Möglichkeiten.

✓ Suchen Sie sich gegebenenfalls einen Coach, der mit Ihnen ganz persönlich an den inneren und äußeren Themenbereichen arbeiten kann, wo Dinge noch nicht ganz rund für Sie laufen.

✓ Wenn Sie keine Zeit haben, um sich um Ihr *Element* zu kümmern, weil der Alltag, die Arbeit, die Familie oder anderes Sie zu sehr fordern, schaffen Sie Inseln – kleine Zeitfenster, die nur Ihnen gehören. Inseln, wo Sie auftanken und sich ungestört auf das konzentrieren können, was für Sie das Wichtigste im Leben sein sollte, damit auch alles andere funktionieren kann: Sie selbst. Versuchen Sie, diese Inseln nach und nach größer werden zu lassen.

✓ Richten Sie sich auf das aus, was »am höchsten« ist: Ihr höchstes Potenzial, Ihr höchstes Ideal, Gott, die Wahrheit – was immer Sie am tiefsten ergreift, am meisten berührt und sich am authentischsten anfühlt.

✓ Akzeptieren Sie, dass Sie an diesem Höchsten scheitern werden. Scheitern Sie heiter.

✓ Verlieren Sie sich (zeitweise) selbst.

Denn nur wenn wir über uns selbst hinauswachsen und in etwas aufgehen, was größer ist als wir selbst, können wir unserem Potenzial genügen.

Übungen

Übung 1: Sinn finden

Die Frage, was für uns im Leben wirklich sinnvoll ist, können wir oft nicht rational beantworten. Der folgende Fragenkatalog soll Ihnen helfen, Inspirationen zu sammeln.

1. Was würden Sie mit Ihrem Leben machen ...
... wenn Geld keine Rolle spielen würde?

\
\
\

... wenn Sie so viel Geld hätten, wie Sie möchten?

\
\

… wenn Sie so viel Zeit hätten, wie Sie möchten?

_____

_____

_____

2. Welche Dinge möchten Sie in Ihrem Leben auf jeden Fall noch tun oder erreichen?

_____

_____

_____

3. Was geht Ihnen zu Herzen? Wofür setzen Sie sich leidenschaftlich ein?

_____

_____

_____

4. Wer berührt Sie?

_____

… und warum?

5. Welche Qualitäten, Beschäftigungen, Zustände, Begegnungen brauchen Sie im Leben unbedingt, um glücklich zu sein?

… und wie viel brauchen Sie von den oben beschriebenen Aspekten (quantitativ, qualitativ), um davon satt zu werden?

6. Wonach sehnen Sie sich?

_____

_____

_____

7. Was wünschen Sie sich am meisten?

_____

_____

_____

8. Was würden Sie als Erstes sein lassen, wenn Sie alle Möglichkeiten hätten?

_____

_____

_____

… und was als Zweites, Drittes, Viertes …?

_____

_____

… und was hindert Sie daran, Ihr Leben so umzugestalten, dass Sie alles sein lassen, was Sie sein lassen möchten?

_____

_____

_____

9. Wann fühlen Sie sich im Einklang mit sich selbst?

_____

_____

_____

10. Woraus schöpfen Sie Kraft, Energie, Kreativität, Lebendigkeit, Hoffnung oder sonstige innere Nahrung?

_____

_____

_____

11. Was können Sie in Ihrem Leben nicht *nicht tun?*

_____

_____

_____

12. Wann haben Sie den Eindruck, sich am meisten treu zu sein – dem Ausdruck zu verleihen, wer Sie tief innen wirklich sind?

_____

_____

_____

13. Wenn Ihr Leben eine Geschichte wäre und Sie der Schriftsteller, wie sähe die Geschichte Ihres Lebens aus? Welche Passagen stünden bereits fest? Was würde auf jeden Fall in Ihre Geschichte gehören?

_____

_____

_____

14. Wenn Sie sich vorstellen, Sie wären 90 Jahre alt und schauten auf Ihr Leben zurück: Was wäre Ihnen wichtig, in Ihrem Leben getan zu haben?

… und welchen Rat würden Sie sich aus diesem Blickwinkel heraus betrachtet für Ihre heutige Situation geben?

… anders gefragt: Was benötigen Sie, damit Sie irgendwann sagen können: »Ich habe in meinem Leben genau das getan, was der Sinn meines Lebens war und was es für mich zu tun gab.«

15. Welcher eine Satz sollte dann auf Ihrem Grabstein stehen, der Ihr sinnerfülltes Leben zusammenfasst?

_____

_____

_____

16. Angenommen, Sie wären der Planer eines neuen Lebens, das Sie ohne Vorbedingungen mit allen Ressourcen irgendwo auf der Welt leben könnten – was wären die Inhalte Ihres Lebensentwurfes?

_____

_____

_____

… und welche Geschichte würden Sie dann mit Ihrem Leben erzählen?

_____

_____

_____

… und für wen würden Sie in diesem Lebensentwurf tun, was
Sie zu tun planen?

_____

_____

_____

… und was wäre Ihre Definition von Erfolg?

_____

_____

_____

… und wie würde dann Ihr Alltag aussehen?

_____

_____

_____

17. Was würden Sie tun, wenn Sie nur noch kurze Zeit zu leben
hätten:
... eine Woche:

_____

... einen Monat:

... ein Jahr:

18. Wie möchten Sie in einem Jahr leben?

… und in fünf Jahren?

_____

_____

_____

… und in zehn Jahren?

_____

_____

_____

Übung 2: Ihre Begabungen und Talente erkennen

1. Welche Tätigkeiten gehen Ihnen mühelos von der Hand?

2. Worin waren Sie immer schon besser als andere?

... oder: Was konnten Sie als Kind besonders gut?

3. In welchen Bereichen begreifen Sie Dinge besonders schnell?

4. In welchen Bereichen haben Sie von Natur aus ein großes
Interesse und Wissensdurst?

5. Was waren Ihre Lieblingsfächer in der Schule?

6. Was für Bücher lesen Sie gerne?

7. Womit haben Sie sich in der Vergangenheit aus eigenem Antrieb beschäftigt?

_____

_____

_____

8. In welchem Bereich könnten Sie die/der Beste auf der Welt werden? Sie glauben nicht, dass das möglich ist? Etwas in Ihnen ist dazu angelegt. In welchem Bereich befindet es sich?

_____

_____

_____

… worin sind Sie genial?

_____

_____

_____

… was zeichnet Sie (als Person) aus?

_____

9. Welche Stärken nutzen Sie aktuell bei der Arbeit oder um im Leben zurechtzukommen oder um erfolgreich zu sein?

10. In welchen Bereichen fragen Sie andere Menschen um Rat oder bitten Sie um Unterstützung?

11. Welche Rollen übernehmen Sie in Teams oder Gruppen besonders gern?

12. Welche Rollen übernehmen Sie in der Familie/Partner-
schaft besonders gern?

_____

_____

_____

Übung 3: Fragen Sie andere Menschen

(Partner/-in, Freunde, Eltern, Lehrer, Mentoren, Chef, Arbeitskollegen, Coaches, Therapeuten, Kunden, Mitarbeiter, Bekannte)

1. Welche natürlichen Begabungen siehst du in mir?

2. Was schätzt du an mir?

3. Was zeichnet mich aus?

4. Worin bin ich genial oder könnte genial werden?

_____

_____

_____

5. Bei was würdest du mich um Rat bitten?

_____

_____

_____

6. Bei was würdest du mich um Hilfe bitten?

_____

_____

_____

7. In welchen Bereichen vertraust du mir und meinem Können?

_____

_____

8. Wann bin ich deiner Meinung nach ganz in meinem *Element*?

_____

_____

_____

9. Womit berühre ich dich?

_____

_____

_____

10. Welche besondere Seelenqualität siehst du in mir?

_____

_____

_____

11. Welches Potenzial siehst du in mir?

_____

_____

Übung 4: Tätigkeiten finden, die Sie begeistern

1. Was hat Sie in Ihrer Kindheit begeistert? Wie haben Sie gespielt?

_____

_____

_____

2. Wann hatten Sie als Kind Ihre glücklichsten Augenblicke oder Zeiten?

_____

_____

_____

3. Wann werden Sie wieder zum Kind?

_____

_____

_____

… oder anders gefragt: Bei welchen Tätigkeiten kommen Sie automatisch in Zustände kindlicher Begeisterung, Lebensfreude, unvoreingenommenen Staunens oder Berührbarkeit?

… oder: Was bringt Sie heute dazu zu spielen?

… oder: Wann läuft alles spielerisch?

---

4. Bei welchen Tätigkeiten vergeht für Sie die Zeit wie im Fluge?

---

5. Was lieben Sie zu tun?

... oder anders gefragt: Welche Tätigkeiten erfüllen Ihr Herz?

... oder anders gefragt: Wann singt Ihr Herz? Wann geht Ihr
Herz auf?

---

6. Was macht Sie in Ihrem Leben wach und lebendig?

_____

_____

_____

7. Was macht die Welt für Sie lebendiger?

_____

_____

_____

8. Welche Tätigkeiten genießen Sie regelmäßig?

_____

_____

_____

… Was genau führt dazu, dass Sie in einen Zustand des Genusses kommen?

_____

_____

… Kennen Sie diesen Zustand noch aus anderen Lebenslagen?

_____

_____

_____

… Wann oder wie fallen Sie aus diesem Zustand wieder heraus?

_____

_____

_____

9. Bei welchen Tätigkeiten blühen Sie regelrecht auf?

_____

_____

_____

10. Was müsste in Ihrem Leben geschehen oder was müssten Sie tun, damit Sie (noch mehr) aufblühen?

_____

_____

11. a. Welche Themen ziehen Sie wie magisch an?

b. Gibt es spezielle Orte, die für Sie eine magische Anziehungskraft haben?

c. Gibt es Gegenstände, die Sie wie magisch anziehen?

d. Wann erleben Sie die höchste Faszination?

_____

_____

_____

12. Was treibt Sie an?

_____

_____

_____

… und was hat Sie in der Kindheit angetrieben?

_____

_____

_____

13. Vergleichen Sie das, was Sie am meisten antreibt oder angetrieben hat, mit dem, was Sie am meisten anzieht. Was fällt
Ihnen auf?

_____

14. Mit wem würden Sie gerne den Job tauschen?

15. Wer inspiriert Sie?

16. Wer sind Ihre Vorbilder oder Heldenbilder?

… und wer waren Ihre Vorbilder oder Heldenbilder in der Kindheit?

_____

_____

_____

17. Mit wem sind Sie am liebsten zusammen?

_____

_____

_____

… und warum?

_____

_____

_____

18. Wen respektieren Sie zutiefst?

_____

_____

… und warum?

_____

_____

_____

19. Welche Rollen übernehmen Sie in Teams oder Gruppen am liebsten?

_____

_____

_____

20. Welche Rollen würden Sie in der Familie/Partnerschaft am liebsten übernehmen?

_____

_____

_____

21. Für was geben Sie aktuell am meisten Geld aus?

_____

... sollte sich daran etwas ändern?

Anmerkungen

1 Robinsons TED-Vorträge sind wirklich sehenswert. Sein bekanntester Vortrag ist der mit Abstand meistgeschaute TED-Vortrag aller Zeiten und wurde rund 40 Millionen Mal angeklickt. Siehe http://www.ted.com/speakers/sir_ken_robinson oder auf Youtube.

2 Ken Robinson, *Begeistert Leben – Die Kraft des Unentdeckten*, ecowin, 2013, sowie *In Meinem Element – Wie wir von erfolgreichen Menschen lernen können, unser Potenzial zu entdecken*, Goldmann Arkana, 2010.

3 Siehe https://www.heartmath.org/resources/downloads/the-appreciative-heart/ (aufgerufen am 15.6.2016).

4 Für eine umfassendere Darstellung von Forschungsergebnissen siehe Blickhan, Daniela, *Positive Psychologie – Ein Handbuch für die Praxis*, Junfermann, 2015, S. 275f, S. 282ff.

5 In wirtschaftswissenschaftlicher Ausdrucksform könnte man sagen, dass die Anreizsysteme, die vornehmlich in unserem globalen Wirtschaftssystem wirken, in vielen Fällen unserem eigentlichen besten Wohl sowie auch dem Wohl des Ökosystems Erde und damit unserer Lebensgrundlage widersprechen.

6 Siehe: www.gallupstrengthcenter.com/Register/de-De/Index

7 Für eine gute und umfassende Einführung siehe Chetan Parkyn, *Human Design – Entdecke die Person, die du wirklich bist*, Lüchow Verlag, 2015.·

8 Bekannt und wissenschaftlich gut fundiert ist hier beispielsweise der VIA-Charakterstärkentest, dessen deutsche Version auf www.charakterstaerkentest.org zu finden ist. Der Test basiert stark auf unseren Selbsteinschätzungen. Einer seiner Vorzüge gegenüber dem StrengthFinder 2.0 liegt darin, dass unsere Angaben in Relation gesetzt werden zu anderen Angaben aus unserer geschlechtsspezifischen Altersgruppe. Angaben von beispielsweise 19-jährigen Männern und 80-jährigen Frauen werden also für die Testergebnisse nicht in eine Durchschnittswertbetrachtung zusammengeführt.

9 Eine gute Adresse für Enneagramm-Typentests bietet The Enneagram Institute. Auf der Seite www.enneagraminstitute. com können Sie zwei kostenlose Tests machen oder auch umfangreichere wie den sogenannten RHETI-Test, der als wissenschaftlich fundiert gilt.

10 Der bekannte Neurobiologe Prof. Gerald Hüther spricht in vielen seiner zahlreichen Bücher und Vorträge immer wieder von den herausragenden positiven Wirkungen der Begeisterung auf unser Gehirn. Siehe beispielsweise http://gerald-huether.de/populaer/veroeffentlichungen-von-gerald-huether/texte/begeisterung-gerald-huether/index.php.

11 Eine umfassende Beschreibung des Zusammenspiels zwischen diesen Aspekten sowie der entsprechenden inneren Arbeit, die diesbezüglich erfolgen kann, bietet der ›Klassiker‹

von Erika J. Chopich und Margaret Paul, *Aussöhnung mit dem inneren Kind,* Verlag Hermann Bauer, 1990.

12 Ebd. S. 23ff.

13 Siehe hierüber beispielsweise eine Welt-der-Wunder-Sendung https://www.youtube.com/watch?v=qZeYQ8THgig (aufgerufen am 21.6.2016). Ab Minute 6:00 geht es auch um das Chi.

14 Ich konnte es nur ›Gott‹ nennen.

15 Das folgende Video gibt eine kurze Zusammenfassung über diesen Zustand: https://www.youtube.com/watch?v=aiech BcdYhg.

16 Solche Erfahrungen werden im japanischen Zen als Satori- oder Kensho-Erfahrungen beschrieben.

17 Für eine psychologisch ausgerichtete Einführung siehe beispielsweise Mihaly Csikszentmihalyi, *Flow – Das Geheimnis des Glücks,* Klett-Cotta, 1990.

18 Mihaly Csikszentmihalyi selbst führt aus, dass die Flow-Erfahrung auch beispielsweise in Tätigkeiten erfahren werden kann, in denen andere Menschen betrogen, verletzt oder ausgenutzt werden. Die Frage »Wie sinnvoll ist mein Tun und welche Konsequenzen hat es?« ist für ihn erst in späten Jahren zur Kardinalfrage in Zusammenhang mit der Flow-Forschung geworden. Siehe Mihaly Csikszentmihalyi, *Flow – der Weg zum Glück,* Verlag Herder, 2010, S. 42f.

19 Zu weiteren Beispielen hierfür und eine detailliertere Betrachtung vgl. ebd. S. 83ff.

20 Siehe beispielsweise: Psychologie: Andorra-Effekt, Bedrohung durch Stereotype Medizin: Baskerville-Effekt, Placebo-Effekt bzw. Nocebo-Effekt. Sozialwissenschaften: Thomas-

Theorem: »Wenn die Menschen Situationen als real definieren, sind sie in ihren Konsequenzen real.«

21 Vgl. Richard Wiseman, *So machen Sie Ihr Glück,* Goldmann Verlag, 2004.

22 Vgl. http://en.wikipedia.org/wiki/Flow_%28psychology%29 #The_autotelic_personality (aufgerufen am 7.4.2016) und die dort aufgeführten Studien, sowie Daniela Blickhan, *Positive Psychologie – Ein Handbuch für die Praxis,* Junfermann, 2015, S.204f.

23 Prof. Gerald Hüther: »Discover your potential« (Entrepreneurship Summit 2012 in Berlin). Siehe https://www.youtube.com/watch?v=4CaWKQmPQFI. Der ganze Vortrag ist für das Thema dieses Buches durchaus sehenswert. Ab Minute 37:00 geht es speziell um die Entstehung von Haltungen und wie man sie verändern kann.

24 Aus https://www.freitag.de/autoren/der-freitag/es-muss-unter-die-haut.

25 Siehe: http://gerald-huether.de/populaer/veroeffentlichungen-von-gerald-huether/texte/begeisterung-gerald-huether/index.php.

26 Dies ist eine stark verkürzte Darstellung. Zum genauen Ablauf der Methoden siehe https://de.wikipedia.org/wiki/Eye_Movement_Desensitization_and_Reprocessing#Ablauf_einer_EMDR-Sitzung bzw. http://www.efo-institut.de/wingwave/wingwave.php.

27 Für eine kurze Darstellung positiver Effekte von tiefem Zuhören mit Mitgefühl siehe dieses Interview, in welchem der buddhistische Mönch Thich Nhat Hanh von Oprah Winfrey befragt wird: https://www.youtube.com/watch?v=lyUxYflk hzo.

28 Für eine gute und witzige Einführung in die Gewaltfreie Kommunikation siehe beispielsweise diese Schulung von Marshall Rosenberg: https://www.youtube.com/watch?v= XBGlF7-MPFl. Auf die positiven Wirkungen von Empathie Een Stellen eingegangen.

29 Die Wirkungsweise und einige Hinweise, wie auf manchen Yoga-Wegen mit der Kundalini-Energie gearbeitet wird, siehe https://de.wikipedia.org/wiki/Kundalini (aufgerufen am 2.12.2015).

Liebe als heilende Energie wird von vielen energetischen Heilern verwendet. Ein Beispiel hierfür ist Leonard Laskow (http://www.laskow.net/), der sich auf diese Form der Heilung spezialisiert hat. Persönlich habe ich erfahren, wie der sehr bekannte brasilianische Heiler Joao de Deus tief sitzende Gefühle von Schuld und Scham in mir durch starke Liebe aufgelöst hat – eine erstaunliche Erfahrung, denn ich hatte diese Gefühle seit frühester Kindheit und nach einer einzigen Behandlung waren sie nachhaltig verflogen.

31 Je nach Methode werden dafür unterschiedliche Namen verwandt: Nullpunkt-Energie, Ur-Energie, Gott-Energie oder auch das morphische Feld oder das Bewusstseins-Feld.

Literatur

Blickhan, Daniela (2015): *Positive Psychologie – Ein Handbuch für die Praxis*. Paderborn: Junfermann Verlag.

Chopich, Erika J., und Paul, Margaret (1990): *Aussöhnung mit dem inneren Kind*. Freiburg im Breisgau: Verlag Hermann Bauer.

Csikszentmihalyi, Mihaly (1993): *Flow – Das Geheimnis des Glücks* (3. Auflage). Stuttgart: Klett-Cotta.

Csikszentmihalyi, Mihaly (2010): *Flow – Der Weg zum Glück*. Freiburg im Breisgau: Verlag Herder.

Parkyn, Chetan (2015): *Human Design – Entdecke die Person, die du wirklich bist*. Bielefeld: Lüchow Verlag.

Rath, Tom (2014): *Entwickle deine Stärken – Mit dem Strengths-Finder 2.0*. München: Redline Verlag.

Robinson, Ken (2010): *In meinem Element – Wie wir von erfolgreichen Menschen lernen können, unser Potenzial zu entdecken*. München: Arkana.

Robinson, Ken (2014): *Begeistert leben – Die Kraft des Unentdeckten*. Salzburg: ecowin.

Wiseman, Richard (2004): *So machen Sie Ihr Glück – Wie Sie mit einfachen Strategien zum Glückspilz werden*. München: Goldmann Verlag.

Das Leben liebt uns!

Klappenbroschur, 224 Seiten
ISBN 978-3-95550-188-4

Was wäre, wenn wir unsere Wünsche und Probleme an eine höhere Kraft abgeben, loslassen und darauf vertrauen könnten, dass die richtige Lösung zur rechten Zeit kommen wird? Dass das kein Wunschtraum, sondern erfahrbare Realität ist, zeigt Tosha Silver in ihren wunderbar humorvollen Geschichten. Die Methoden, die sie lehrt, sind einfach, ihre Wirkung ist lebensverändernd.

www.trinity-verlag.de

Sehschwäche
ganzheitlich heilen

Klappenbroschur, 176 Seiten, mit Übungs-CD,
Spielzeit: 37:26 Minuten, ISBN 978-3-95550-151-8

Immer mehr Menschen leiden unter Fehlsichtigkeit. Die große
russische Heilerin Lumira geht den Ursachen auf den Grund:
Gibt es Lebensthemen, die wir aus Selbstschutz nicht ansehen
wollen? Sie stellt eine Fülle von wirksamen Übungen und praktischen Heilmeditationen vor, mit deren Hilfe wir seelische Blockaden lösen und unser Sehvermögen wiederherstellen können.

www.trinity-verlag.de

Das Geheimnis der Verjüngung

Klappenbroschur, 160 Seiten, mit Übungs-CD,
Spielzeit: 71 Minuten, ISBN 978-3-95550-160-4

Olga Häusermann Potschtar enthüllt erstmals das Geheimnis
der Verjüngung, wie es spirituelle Meister in der Tradition Gri-
gori Grabovois mit erstaunlicher Wirksamkeit praktizieren.
Einfach in der Anwendung, hilft uns die Russische Informati-
onsmedizin, Alterungsprozesse aufzuhalten, unsere Gesundheit
wiederherzustellen und unsere gesamte Realität zu verändern.

TRINITY